新零售

实体店O2O营销与运营实战

苗李宁　编著

化学工业出版社

·北京·

互联网正在席卷各行各业，以至近两年所有人都在用互联网思维看待今后的发展，但在零售行业实体经营依旧占据销售的主流渠道。因此，未来不是谁取代谁，而是深度融合，互为促进。一方面，线下实体企业、门店积极利用移动工具、社交媒体、内容平台抢占线上市场；另一方面，互联网品牌则开始布局线下市场，开设实体店，淘宝网、京东商城、当当等已抢先实施。可以预测，未来的商业模式将是线上线下的大融合。

本书围绕新零售O2O战略创新和营销、运营体系构建来展开，共分为10章两大部分，第一部分是前4章，重点介绍O2O的战略规划，具体包括概念、本质、基本内容、运作模式、引流方法，及与实体经营相融合的必然趋势，其中还重点介绍了微信、电子会员卡在O2O战略规划中的具体作用。第二部分为第5章至第10章，重点介绍实体店的营销实战，详细阐述O2O线上线下营销体系的执行策略，从线上、线下促销策略、消费者心理策略、服务策略，及线下运营等5个方面全方位地介绍，让执行真正地落到实处。

图书在版编目（CIP）数据

新零售：实体店O2O营销与运营实战/苗李宁编著.
北京：化学工业出版社，2018.1（2023.1重印）
ISBN 978-7-122-30344-8

Ⅰ.①新… Ⅱ.①苗… Ⅲ.①零售企业-营销战略
Ⅳ.①F713.32

中国版本图书馆CIP数据核字（2017）第181292号

责任编辑：卢萌萌　张博文　　　　　　　文字编辑：李　玥
责任校对：宋　夏　　　　　　　　　　　装帧设计：王晓宇

出版发行：化学工业出版社（北京市东城区青年湖南街13号　邮政编码100011）
印　　装：涿州市般润文化传播有限公司
710mm×1000mm　1/16　印张14　字数235千字　2023年1月北京第1版第6次印刷

购书咨询：010-64518888　　　　　　　　售后服务：010-64518899
网　　址：http://www.cip.com.cn
凡购买本书，如有缺损质量问题，本社销售中心负责调换。

定　　价：58.00元　　　　　　　　　　　　　版权所有　违者必究

在互联网的冲击下，实体店如何自救

在互联网、移动互联网的冲击下，网店已蔚然成风，成为流行趋势，也使实体店的生存变得愈加困难。难的不再是资金、门面、货源，而是后续的经营管理、产品营销和渠道建设。在互联网应用尚未普及之前，实体店依靠传统的线下营销就可占据一席之地，且少有后顾之忧。但随着互联网的普及和电商平台的快速发展，传统营销模式逐渐向新媒体营销模式过渡，原有的管理体系被打乱，很多实体店正面临着夹缝中求生存的严峻境地。

这是有数据和实例为证的。2014年人人乐公开发布公告称全部关闭18家门店，转型社区超市。报告中称"由于可比门店销售出现加速下滑，为进一步减轻亏损门店给公司带来的经营压力，公司经慎重评估，在三季度报告披露后新增关闭了7家亏损门店，增加关店损失约8440万元。"再加上此前三个季度，全年关闭18家门店。

2014年实体店出现倒闭潮，从人人乐全店转型可见一斑，2016年倒闭潮仍没有停止的迹象，甚至有愈演愈烈的趋势。

随着电商市场的不断繁荣，实体店受到严重冲击，生意越来越难做，无论是小便利店、商场，还是大型商超、购物中心，总在传出不断关店、倒闭的信息，实体店阵亡名单越来越长。

虽然互联网对实体店的冲击非常大，但通过理性地分析就会发现情况并没有那么糟糕。互联网对实体店的影响终究是利大于弊，不是颠覆而是融合。因此，做好实体店最关键的就是把"互联网思维"渗透到实体店经营中，结合互联网技术，将实体店逐渐优化改造成"智能店铺""数字店铺""移动店铺"等。

实体店死亡潮，是经济发展中阶段性洗牌的必然过程。经历行业的重整后，剩下的项目更加具有独立的存活能力，更能实现高效低成本服务大众的初衷，对整个实体店行业也有重大的借鉴和指导价值。

现在有一种新零售模式，这种模式由马云在阿里巴巴云栖大会上，于2016年10月首次提出。新零售模式可以将实体店与网店很好地连接起来，通过资源整合将两者打通，并可实现自由转换，让消费者在享受线上便捷的同时，又可享受线下不一样的购物感受。

新零售本质还是做O2O，核心在于可将线上、线下完美连接，并继续创新。继2014年O2O爆发元年之后，2015年迎来了O2O行业的深度整合和价值重塑，未来，在行业调整中必将发挥更大的作用。基于此特编写本书。

全书分为10章。第1章对O2O进行概括性的阐述，包括概念、本质、内容、运作模式等；第2章介绍线下消费者向线上引流的6种常见方法；第3、4章着重介绍实体店在构建O2O营销体系中最常用的两大工具——微信和电子会员卡；第5~10章分别从O2O营销体系线上线下的促销策略、心理策略、服务策略、线下运营策略等方面入手，全方位地介绍具体的落地执行。

本书的出版要感谢魏丽、苗李敏、魏艳、丁雨萌、李伟、苗小刚等老师的大力支持，在这里特别感谢各位的付出。

限于编者水平，书中的不当和疏漏之处，敬请广大读者批评指正。

目录
CONTENTS

第1章 运用新零售思维,打造O2O营销新模式

1.1 不是颠覆,是融合和再造 …………………………………… 002
1.2 打造完美的闭环营销链条 …………………………………… 006
1.3 O2O营销体系的四大内容 …………………………………… 010
1.4 O2O营销体系的运作模式 …………………………………… 014
1.5 O2O模式的终极拼图——在线支付 ………………………… 016

第2章 从线下到线上:将消费者引流到线上

2.1 折扣+返还——关注有礼增加店铺客流量 ………………… 022
2.2 积分兑换——累计积分带来的线上消费 …………………… 024
2.3 有奖促销——玩的就是刺激 ………………………………… 028
2.4 免费试用——用看得见的实惠笼络人心 …………………… 031
2.5 承办活动——这样搞活动更有趣 …………………………… 034
2.6 善打感情——给消费者一个迷恋的理由 …………………… 036

第3章 微信:O2O体系构建中最不可缺少的一环

3.1 疯狂微信,把信息"转发"给粉丝 ………………………… 040
3.2 微信群——培养自己的忠实粉丝 …………………………… 043
3.3 二维码——卖家与用户直接对话 …………………………… 046
3.4 朋友圈——开放促销宣传新渠道 …………………………… 049

3.5 摇一摇——扩大曝光率，唤醒附近的人 ……………… 052
3.6 漂流瓶——大幅度提升营销效果 …………………… 055
3.7 微信公众平台——打造移动推广平台 ………………… 057
3.8 微信小店——打造自己的网上店铺 ……………………061

第4章 电子会员卡：创建O2O新入口，一键锁定线上消费者

4.1 会员卡——实体店营销的最有力武器 ………………… 064
4.2 电子会员卡——实体店会员制互联网化的必然趋势 … 067
4.3 电子会员卡特点一：便捷性 …………………………… 072
4.4 电子会员卡特点二：提升服务质量 …………………… 074
4.5 建立以需求为基础的电子会员卡制度 ………………… 077
4.6 只有不断创新，才能永久生存 ………………………… 080

第5章 O2O营销之线上促销策略：以小利养常客，让货卖得更旺

5.1 免费策略——免费带出的间接"利润" ……………… 086
5.2 折扣策略——给消费者变相的"优惠" ……………… 089
5.3 主动降低——主动一小步，盈利一大步 ……………… 093
5.4 制造幻觉——抬高价格反而会有大市场 ……………… 096
5.5 阶梯价格——让消费者自动产生心理落差 …………… 099
5.6 配套促销——优势互补，资源共享 …………………… 102
5.7 捆绑促销——巧妙搭配，多多获利 ……………………105
5.8 接受预订——预订越早折扣越大 ……………………… 109
5.9 上门服务——将服务送到消费者家门口 ………………112

第6章 O2O营销之线下促销策略：利用好节假日，黄金时间巧"捞金"

6.1 节假日促销——假日经济催生的利益链条 ……………116

6.2 线下活动——配合线上节日营销进行 …………………………………120
　　6.2.1 元旦线下促销方案——案例：送美金活动 …………………122
　　6.2.2 春节创新促销方案——案例：给消费者发红包 ……………123
　　6.2.3 情人节创新促销方案——案例：给玫瑰花找个伴 …………124
　　6.2.4 六一创新促销方案——案例：关注孩子的心灵成长 ………125
　　6.2.5 十一创新促销方案——案例：国庆长假三重好礼 …………126
　　6.2.6 "三八妇女节"创新促销方案——案例：做好男人文章……128
　　6.2.7 端午创新促销方案——案例："粽"是有礼 …………………129
　　6.2.8 父（母）亲节创意方案——案例：送礼不如送健康 ………130

第7章 O2O营销之心理策略：迎合消费者心理，也许更有效

7.1 我国线上消费者的消费心理 ……………………………………………134
7.2 应对求廉、求实心理——加价购 ………………………………………136
7.3 应对差异化心理——细分市场 …………………………………………140
7.4 应对个性化心理——挖掘独特性 ………………………………………143
7.5 应对犹豫心理——限量消费 ……………………………………………146
7.6 应对拖延心理——限时消费 ……………………………………………149

第8章 O2O营销之服务策略：提高服务质量，回头客倍增

8.1 线下服务，是对线上销售的有益补充 …………………………………154
8.2 以人为本，客户至上 ……………………………………………………159
8.3 服务的及时性：第一时间去解决问题 …………………………………161
8.4 服务的特色性：差异化发展战略 ………………………………………163
8.5 诚信，是一种服务力 ……………………………………………………167
8.6 如何解决消费者的退货问题？ …………………………………………169
8.7 如何解决消费者的投诉问题？ …………………………………………172

第9章　O2O营销之线下运营——给消费者营造良好的购物体验

9.1　全渠道：线上转战线下运营成必然 …………………………… 176
9.2　优化流程，要像线上购物一样方便 …………………………… 178
9.3　内部设置：营造良好购物体验的关键 ………………………… 180
9.4　产品陈列：制造最直观的视觉感受 …………………………… 185
9.5　无导购经营：多给消费者一些自由空间 ……………………… 188
9.6　货比三家，引导消费者做对比 ………………………………… 192

第10章　O2O营销之线下运营——利用炫美视觉刺激消费者购买欲望

10.1　名称：商名叫响，黄金万两 ………………………………… 196
10.2　Logo：让消费者一眼记住你 ………………………………… 199
10.3　选址：店址直接决定客流量 ………………………………… 202
10.4　橱窗：让产品鲜活起来 ……………………………………… 204
10.5　POP广告：让供需实现无缝对接 …………………………… 208

后记

参考文献

第①章
运用新零售思维,打造O2O营销新模式

受电子商务、网店发展的影响,实体店的生存空间越来越小,传统的营销模式已无法适应新的发展形势。因此,实体店经营者必须转换思路,走与互联网结合的路线,打造一个完美的线上线下新零售营销体系。

1.1 不是颠覆，是融合和再造

实体经营互联网化是未来发展的必然趋势，借"互联网+"的浪潮，很多实体店铺纷纷寻求转型和革新。但长期以来形成的传统营销模式，使实体店不能像电商、微商一样完全靠线上操作，走纯粹的虚拟营销路线，因此实体店互联网化必然具有其自身的特殊性，这时便可借助2016年后兴起的一种新模式——新零售，实现线上与线下的结合。

2016年中国电子商务市场交易规模达20.2万亿元，增长23.6%，其中网络购物增长23.3%，社会消费品零售总额用户渗透率❶始终维持在10%～10.8%之间。与此同时，实体零售被逼进了死胡同，很多实体店出现了经营困难，资金链断裂，最终不得不缩小规模、裁减人员，甚至停业。

案例分享1

2015～2016年间尤其典型，很多实体店经营困难，陷入了濒临倒闭的窘境。这一年在全国范围内出现了多起倒闭事件，包括百货、购物中心及大型超市等46家在内的公司先后关闭连锁门店185家，部分事件如图1-1所示。

	有着外资第一店美誉的马来西亚百货商百盛商业集团，接连陷入关店风波中。继北京东四环店宣布停业之后，天津的唯一一家门店也于2015年3月31日停止营业
	英国最大的连锁零售商玛莎百货（M&S），因中国市场在其国际业务中所占份额并不显著，于2015年8月份关闭了其在中国15家中的5家
	大型商超沃尔玛，连锁店400多个，遍布中国多个大中城市，2016年出现了关闭潮，关闭门店数高达13家，自2012年以来累计关闭门店数已达53家
	汉斯，最知名的连锁烤肉店品牌之一，2001年创立，全国拥有80多家分店。次年进驻沈阳，开设6家连锁店，然而时隔5年后的今天已悄然关闭5家

图1-1 实体店倒闭部分案例

---

❶ 用户渗透率：在被调查的对象（总样本）中，有形产品，即一个品牌（或者品类、或者子品牌）的产品，使用（拥有）者的比例。也可以直接理解为消费者占有率，代表一个品牌在市场中位置的总和。

> **案例分享2**
>
> 2014年淘宝在广州开设了首家淘宝体验厅，淘宝会员可以在这里休息、用餐、体验淘宝产品，免费使用Wi-Fi。同时，阿里巴巴联合实体店龙头企业苏宁，开辟了农村市场，让淘宝、苏宁实体店在农村市场遍地开花。

很多迹象表明，电商又开始回流实体店，这种"回流"现象进一步证明实体店存在的必要性。任何时候实体店都是不可缺少的，即使电子商务再发达，最终还需要实体经济的支撑。因此，实体店不会消亡，只是进入了一个调整期。值得注意的是，回流并不是简单的"倒退"，也不意味着所有电商将放弃电子商务，回过头来重做实体店。而是将两者充分融合在一起，将线上优势引流到线下，同时线下优势引流到线上，形成一个完美的线上线下循环营销。

从以上案例可以看出，实体店必须积极与互联网结合，找到两者的最佳融合点，这既是市场形势的需求，也是消费者需求的转变，与当前非常流行的一种模式——新零售不谋而合。新零售的出现实现了线上线下的完美结合，网店可以依靠实体店与消费者充分互动，实体店也可以利用线上经营成本低廉、无地域限制、购物方便快捷的便利条件，为消费者提供良好的购物体验。

💡 店主学堂

新零售一词最早是由马云在2016年10月阿里云栖大会上首次提出的，但他没有给出明确的定义。现在业界比较流行的这个定义，是自2016年后随着零售业的改革和不断创新，业内人士根据实践逐渐总结出来的。新零售是指那些以实体经营为主的零售企业，以互联网、移动互联网为依托，通过运用大数据、人工智能等先进技术，对商品生产、销售以及物流过程的升级改造。从而打造出一个集线上线下全渠道、线上服务线下体验，及现代物流于一体的新型零售模式。

从以上定义中可以看出，新零售必须做好三点，一是全面打通线上线下渠道，二是优化线下消费体验，三是要有便捷的物流体系相匹配。

可见，新零售营销的整个过程很复杂，对大多数实体店、草根创业者来说是很难一步做到位的。其实，它的核心仍然是O2O。因此，我们这里就谈论O2O最传统的、最精髓的，也是最成熟的运作模式（目前线上和线下的交易都已经成熟），并把它单列出来进行阐述。即只围绕线上（远程）交易和线下（现场）交易两条主线，以及两者的相互关系展开。

O2O（Online to Offline❶），被认为是改变电子商务格局的全新方式。如果说电子商务是利用电子技术进行的一系列商务活动，那么O2O就是这一系列中的一种。从O2O运作模式上看就是线上（线下）商务行为的互动，不过在实际操作中，由于很多人将O2O与电商模式、移动电商模式、团购模式、生活信息服务模式、无线营销模式、手机二维码模式、LBS模式等进行多维度的关联，因而表现出一个广而乱的形态，形成了一个非常长的链条。

线上营销、线下营销是新零售与O2O结合的两大爆发点，围绕这两个点便可实现营销的全过程，具体如图1-2所示。

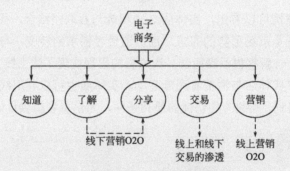

图1-2 电商和O2O结合的爆发点

如果把"知道、了解、分享、交易、营销"这几个碎片进行组合，那么O2O就形成了一个以"线上线下"双层融合的新零售模式。这样的例子也非常多，如LBS签到模式、大众网的点评模式、线下的扫码办业务（比价、看视频、看广告、防伪等）、团购的生活服务类等。

如今，已经有很多实体店开始使用新零售，如Zara、优衣库、Topshop、H&M、Forever 21等。它们将线下实体店优势引流到线上各个方面——

---

❶ 这个概念是2010年由Alex Rampell提出，英文为Online to Offline，即将线下商务的机会与互联网结合在一起，让互联网成为线下交易的前台。这样，线下店铺就可以在线上来揽客，线下消费者也可以在线上筛选服务并实现在线交易、在线结算。

店面设计、与消费者互动、购物流程、产品销售、活动促销、物流等。再加上这些实体店长期沉淀下来的品牌影响力和消费者资源,想要打开线上市场并不难。事实也证明,它们在短期内便取得了很好的效果,最大限度地满足了消费者的线上购物需求。

图1-3为Zara在各大电商平台开辟的旗舰店;图1-4为H&M微信公众号折扣店。通过微博、微信等自媒体开展宣传和营销,可以强化线上消费者的黏性。

图1-3　Zara在各大电商平台上的旗舰店

图1-4　H&M微信公众号折扣店

知识小贴士

O2O的核心就是整合线上、线下资源,让两者之间实现资源共享,互通有无。因此实体店经营者必须树立一个意识:抓住当前电子商务发展的机会,大力创新,在现有的实体店基础上实行互联网化改造;同时,也要坚持自我,保留特色,让线上营销服务好地面营销。

1.2 打造完美的闭环营销链条

线上、线下营销曾经是完全不相干的两种模式,但随着电子商务,尤其是移动互联网的兴起,两者之间的界限正在变得越来越模糊。这也为实体店"自救"提供了一线生机,只要充分利用好O2O营销模式,新零售的路走得反而会更稳健。

苏宁就是一个典型的例子,在传统零售业遇冷之际,苏宁依靠开辟线上市场成功转型。

> **案例分享3**
>
> 2013年2月19日,苏宁电器更名苏宁云商。苏宁易购,是苏宁电器旗下的网上购物平台,通过后台物流、供应链、人力资源、信息技术等资源的整合共享,打造虚实结合、线上线下协同发展的商业模式,现已覆盖传统家电、3C电器、日用百货等品类。2011年后,苏宁易购强化虚拟网络与实体店面的同步发展,不断提升网络市场份额。
>
> 2010年6月8日苏宁宣布线上线下同价,运行O2O模式。此次价格一致是苏宁多渠道融合的重要一步,标志着苏宁O2O模式的全面运行。
>
> 苏宁易购线上线下的融合包括3个方面:①28个事业部旗下所有产品实现线上线下两个平台共享;②用户可网上下单、线下自取;③用户无论线上线下购物,消费都将计入本地,解决了线上线下可能存在的冲

突问题。

2017年，苏宁的O2O模式出现了从量变到质变、爆发式增长的拐点。董事长张近东在3月1日举办的"2017年家电3C行业全球峰会"上发表致辞，充分体现出这一点。他在发言中表示："苏宁将全面开放苏宁万亿零售生态圈，融物流、金融、IP、数据等方面于一体，与供应商建立一个'生态圈合作伙伴关系'"。

互联网时代，跨界和共享成为主流，一个企业不在乎自身拥有多少资源，而在于能将这些资源整合到什么程度。只有能整合最强资源的企业才能最终笑傲江湖，苏宁与供应商在资源共享中共同打造一个开放的、融合的、生态化的超级平台，连接更多的用户、场景、产品和服务，更好地优化提升实体服务的质量。

上述案例是苏宁从线下向线上转变的一个力证。这也意味着苏宁经营策略的转变，从单纯的实体经营向线下线上结合转变。2013年年初，苏宁明确提出"以网络营销为主，线上、线下相结合和开放平台为两翼的发展战略"，将线上营销提升到与线下实体店营销同等重要的地位。

苏宁电器是国内最大的电器销售商之一，也是中国零售业实体经营的代表。其在传统的实体店市场中占据着很大份额，拥有实体门店1600多家，产品类别基本涵盖所有的家电电器。尽管如此，在新的市场环境下也遇到了经营困境。基于此，才积极与互联网结合，并开拓一系列的线上运作模式，以更好地实现线上线下相融合。

O2O营销是随着互联网营销、移动互联网营销的发展，结合传统营销的沉淀进行整合的一个产物，解决了之前很多纯电子商务解决不了的问题，也解决了很多传统行业进入电子商务领域的一些困惑。

店主学堂

2013～2014年期间，O2O营销这个概念炒得很热，很多电商、实体企业也非常关心O2O，也有一部分企业开始着手去做。但真正把O2O执行落地、做出效果的并不多，主要原因就在于很多企业的实施是割裂的、片面的、不够系统的，没有一个全局性的规划。如有很多实体店建立一个网店、微店或者App，将线下的产品搬上网上就以为是在做O2O了，其实这是片面的，O2O不是简单的线上线下连接，而是一个复杂的运作系统。

接下来，就来详细了解一下什么是O2O，以及O2O营销体系如何构建。

（1）什么是O2O

O2O又被称为从线上到线下，将线下的商务机会与互联网结合在一起，让互联网成为线下交易的平台，这是最初的模式。随着互联网运营范围的扩大，线上线下的深入结合，信息和实物之间、线上和线下之间的联系变得越来越紧密，逐渐出现了另一种模式，即从线下到线上，或叫反向O2O。

O2O结合线上线下资源，形成了一个完美的营销闭环，如图1-5所示。O2O效率高、成本低，能保证买卖双方的交易及时、有效地完成，并在交易前后可以充分互动，一方面提升消费者的满意度，另一方面强化企业搜集市场信息反馈的能力，为后期的自我完善、自我修正打下基础。

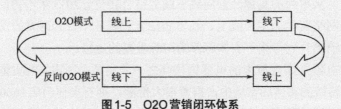

图1-5　O2O营销闭环体系

（2）如何构建O2O营销体系

在构建O2O营销体系时应做足准备工作，这些工作是决定所构建的体系最终能否发挥作用的关键。只有准备工作做足、做完美，才能确保该体系在未来的营销工作中发挥出应有的作用。那么，应该做哪些准备工作呢？具体来讲有4个方面，如图1-6所示。

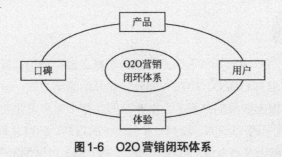

图1-6　O2O营销闭环体系

① 产品　产品是营销的第一驱动力，没有高质量的产品，单纯依靠噱头、炒作吸引眼球，到最后都是自取其辱。消费者偶然购买一个品牌的产品，是因为有刚性需求；第二次还购买，是因为被产品带来的利益或良好的体验所感动；如果一生都买一个品牌的产品那就是信任和依赖。

好的产品就是要让用户产生信任和依赖，每个人都成为产品的忠诚粉丝。产品永远是第一位的，做产品必须做成用户一辈子的信赖。在O2O体系中这是不可或缺的一环，是一切运行的基础，且一定是高质量的，能被大众认可和接受的，否则所谓的体系就是空中楼阁，看上去很美但随时有坍塌的危险。

② 用户　O2O营销在做好产品的基础上，必须以"用户"为中心，体现用户的需求。必要时让用户参与到营销方案策划、制作、传播中来，只有这样才能满足对方的需求，持续吸引对方的关注。

因此在建立O2O营销体系之前，首先要对目标用户的需求进行调研、分析，对比较复杂的用户需求进行建模分析，以便能更好地理解需求、体现需求；最终进行需求确认。需求确认（Requirement Validate）是需求管理过程中的一种常用手段，也是需求控制的主要环节。需求确认有两个层面的意思，第一是需要调查和分析人员与消费者之间进行沟通，通过沟通从而对需求不一致的部分进行剔除；另外一个层面的意思是指，对于双方达成共同理解或获得用户认可的部分，双方需要进行承诺。

③ 体验　O2O时代，注重的是线上卖货、线下体验，产品外观、价格等已经不是消费者首要考虑的，相比而言他们更注重体验和服务。

比如，一部iPhone手机，价格至少几千元，与其他手机从性价比来看的话并不是最完美的，但为什么还有那么多苹果粉趋之若鹜？其实就是因为"苹果"带给消费者的感受是独一无二的，如设计美观、性能优良等。这也是"苹果"在全国各地拥有上千家的体验店，每天都有成千上万的用户前往体验的真正原因，苹果给消费者营造的极佳体验成为制胜关键。

④ 口碑　口碑向来都是被注重的关键，在传统营销时代，除了在媒体上做广告，也会通过大家的口耳相传，久而久之就造就了一个品牌的市场影响力，稳固一款产品在大众心目中的形象。

如今在移动互联时代，口碑的传播力更大、传播范围更广、传播速度更快，是任何一个时代都无法企及的。如一条产品信息在微信朋友圈、微博上发布后，很快就会引发评论、转发，这就是新媒体自发传播的威力。信息传播的链条式效应在新媒体、自媒体时代更加彰显，这说明口碑效应越来越重要。

因此，在O2O营销体系中必须建立畅通无阻的线上传播渠道，让每一个消费者都成为宣传者、传播机。只要利用好线上的口碑资源，即使不投入一分钱，也能很快传播开。

知识小贴士

O2O营销是企业发展的一种整体战略，而不仅仅是一个单纯的战术。因此，作为经营者必须将其上升到企业战略的高度，统筹规划，既要有科学全面的政策、制度保障，也要有具体的执行方案，确保能真正落到实处。

1.3 O2O营销体系的四大内容

O2O模式实现了线下经营与线上消费者之间的双向互动，买卖双方可同时满足自身的需求。既有利于卖家更快、更便捷地宣传产品、传播品牌，聚集强大的消费群体，又有利于买方满足自身的特色化、个性化需求。

▶ **案例分享4**

O2O营销做得比较好的是银泰百货，它的很多做法都具有开创性。其做法主要有以下3种。

（1）利用Wi-Fi，向进店消费者推送产品信息

银泰百货在全场覆盖了Wi-Fi，所有进入门店的消费者只要打开Wi-Fi，进入预定范围，手机就会收到系统发来的产品购买信息。而且曾在店中经过实名注册的老消费者还会接收到更精准的产品信息，这是

因为系统会对用户信息进行自动识别，该用户的个人信息、购买产品类别、消费金额等都记录在案，这些信息将成为精准推荐的主要依据。

（2）引进百度智能眼镜

2014年9月，银泰宣布将全面接入百度智能眼镜BaiduEye。BaiduEye拥有大数据库，当顾客戴上眼镜后，看到一个产品就能知道与这件产品有关的所有信息，比如面对一件衣服，就能知道这件衣服的材质、尺寸、价位，以及背后的品牌故事、社交网上的用户评价等。

（3）银泰网IM精品店

朝阳大悦城与银泰网联手合作打造了线下体验店——银泰网IM精品店。这家体验店在iPad上可浏览产品页面，现场买货取货，也可先上网下单后配送到家，真正做到了线上客流引导、线下产品体验及线下消费下单、在线支付体验的购物行为。

Wi-Fi、智能设备、体验店为银泰建立了一条与用户线上线下沟通的畅通渠道，而且有大数据的支撑，线上线下配合度会变得更高，全方位地实现了O2O营销。

银泰的做法为实体店经营互联网化提供了很好的模板。O2O模式是实体店实现互联网化最好的模式，运用得好对于买卖双方来说都是赢家。对实体店经营者来讲，增加了线上流量，扩大了销售市场，降低了经营成本，而且可以实现数据的反馈、搜集和分析，进而达到精准营销的目的。对消费者而言，则可由线下转移到线上，全面、及时地获悉产品信息、折扣信息，快捷地筛选出适合自己的产品，享受便捷的购买服务等，如图1-7所示。

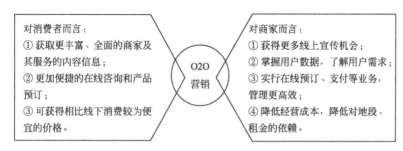

图1-7　O2O营销模式有利于买卖双方互利的实现

店主学堂

O2O营销体系的核心是将线上线下相融合,这也是所有经营者,无论是实体店还是网店在构建O2O营销体系时必须认清的一点,也就是说,所有的工作都必须围绕这个核心进行。

O2O营销体系具体来讲包括4个部分,分别为用户资源融合、产品资源融合、购买环节融合,以及宣传手段融合。这4个部分共同构成了O2O体系的一个完整链条,如图1-8所示。

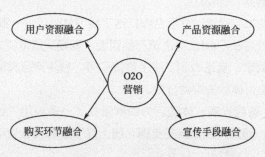

图1-8　O2O营销体系

(1)用户资源融合

O2O的用户来源有两个,一个是线上,一个是线下。尽管网络营销已经非常普遍,但总有那么一群人就习惯去实体店购物,对他们而言,线下更安全可靠。所以,经营者要树立这样一个观念:线下消费者是目标消费者,线上消费者也是目标消费者,不能因为建立了线上营销渠道而忽略线下消费者。

做O2O营销消费者可以分化,但营销不可以分化,必须实现线上用户和线下用户兼顾和融合。这与以往网店只做线上、实体只做线下的思路是完全不同的,在O2O营销体系中线上线下不能完全隔离开来。

(2)产品资源融合

产品资源能否转化为实际经济效益,取决于流通速度。流通速度越快,转化率越高,就像做投资一样。

一个人拿2000元的工资买了农民的米面、蔬菜;农民用此钱买了种子、化肥;化肥厂买了钢材原料用于建厂,生产;钢铁厂买了煤炭炼钢;煤炭生产要用到电力,形成一个循环圈(当然社会上经济生产的循环是辐射开的,非常庞大的系统,这里只是做个单一的链条循环圈举例说明）。

假如一个循环下来恰巧是一个月时间，并创造财富1万元，那如果半个月循环一次呢，一个月就有2万元的财富，一周循环一次呢，就是4万元的财富。可见，资金流通速度决定财富多少，流通越快创造的财富越多。

卖产品也像做投资，只有实现最大的流通才可以产生更大的利润。O2O营销体系就是帮助产品尽快地流动起来，实现渠道、资源优化和调配。产品资源得到互动，产品的流通速度变快了，资金就增多了。

（3）购买环节融合

所谓的购买环节融合是指，线上或线下两个购买场所的相互弥补，即线上浏览、线下购买，线下体验、线上购买。

很多消费者在消费时无法只凭线上或线下一端就马上做出购买决定，因为人在买东西时都会犹豫。如有些人在某网店看到一款中意的衣服，但由于对尺寸把握不准，会到线下实体店进行试穿，进一步鉴别；也有些人在实体店看中了一款包，但考虑到价格的差异，会决定到线上购买。总之，现在的消费者越来越理性，仅凭单一的信息很难做出决定。但如果线上线下相连后，这种顾虑就会得到缓解。

O2O营销体系将线上线下充分融合，大大解放了消费者在购买环节的自主性，丰富了消费者的购物体验。

（4）宣传手段融合

对产品进行宣传主要有两大方式，一是线下，二是线上。实体店基本上只做线下宣传，或者以线下为主、线上为辅。随着互联网、移动互联网的普及，就宣传效果而言线上宣传逐渐占据上风，线下宣传的弊端也越来越明显。

如报纸、杂志等广告，因阅读群体的减少，很少有企业花大价钱去投放；而电视广告虽然仍占据着一定的客流量，但因成本高昂，也不是最佳选择。相比而言现在的企业更青睐线上宣传。

建立O2O营销体系后，线上线下宣传可以更好地结合，如二维码的利用，现在在一些报纸、杂志或电视等传统媒体上，不仅只有广告宣传语，还会配上一个二维码，只要扫一扫就可进入预设的平台，了解更多的信息。这无疑增加了产品传播的广度和深度。

> **知识小贴士**
>
> 明确了O2O营销体系的四大内容后，就可以更清晰地认识O2O模式的组成部分。在整合现有资源的基础上，按照用户、产品、购买环节、宣传手段等去思考、执行，力争构建一个完善的、科学的O2O营销体系，为迎合这个全新的商业社会打下坚实的基础。

1.4 O2O营销体系的运作模式

前几节讲到的O2O营销体系多半是理论化的，在理论向实践转化的过程中仍需要很多运作。那么，O2O营销是以什么样的形式落实的呢？先来看看优衣库的案例，通过案例对此有个大致的认识。

> **案例分享5**
>
> 优衣库是很多人喜欢的一个品牌，在全国各大城市都设有实体店。优衣库的运作已经实现了线下与线上的结合，具体有官网、天猫旗舰店、手机App等多种形式，全方位地实现了线上线下的同步销售。
>
> 以手机App为例，进入优衣库App中，可以看到产品展示、产品促销等信息，并支持在线查询、在线购物、在线支付等功能。其中在线购物是核心，当消费者浏览到自己喜欢的产品时，还可以直接进入与App相关联的天猫旗舰店、官网等手机端直接下单、购买，如图1-9所示。
>
> 同时，App也起着向线下门店引流的作用，如线上发放的优惠券，优衣库支持线下使用。因此，很多线上消费者也会到线下购买。这种线上宣传、线下消费的模式也是O2O的价值所在，主要就是为了向线下门店引流，增加线上用户到实体店消费的概率。

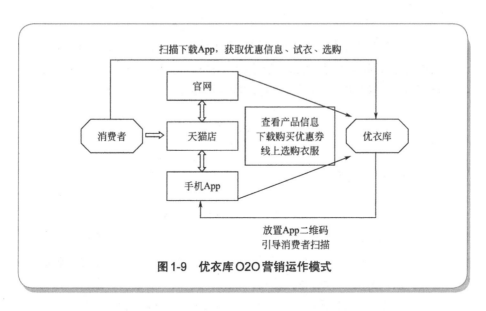

图1-9 优衣库O2O营销运作模式

从以上案例中不难看出,优衣库的做法是先在App上展示,如产品信息、优惠券等。然后再通过线上直接消费或线上引流形成购买行为,从而保证了线上线下的双向运作。就目前来看,优衣库的O2O模式是最常用的,在这种模式里门店作为O2O的核心,让线上为线下服务,目的是通过线上消费或引流,提高线下门店的销量。

店主学堂

利用App来连接线上线下,基本上就是实体店进行O2O营销的运作思路,如图1-10所示,广大实体店经营者也可以依葫芦画瓢去模仿。

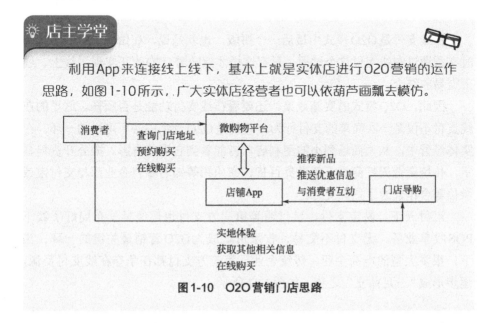

图1-10 O2O营销门店思路

做O2O营销利用自建的App是一个非常有效的途径,通过App上的一键式操作,就可以轻松实现线上线下的连接。当然,任何东西只有最适合自己的才是最好的,在具体运用时最好不要完全照搬。

知识小贴士

App,全称Application,是安装在移动智能设备上的第三方应用程序,是WAP(无线应用协议)发展到一定阶段的产物,它的出现开创了移动互联网的新时代。从阅读到旅行,从社交到游戏,从餐饮到购物……各种各样的App随处可见。同时,希望从App中掘金的人也越来越多,企业、社会组织和个人都将目光聚焦在了App上,使其逐步成为一种重要的营销工具。

1.5 O2O模式的终极拼图——在线支付

在线支付是O2O模式中最后一个拼版,也就是说,在做线上、线下交易时必须通过在线支付这个过程。只有这样才意味着O2O真正实现了线上、线下交易的结合。

因此,O2O模式的实施效果,还要看在线支付功能是否顺畅。这里的在线支付不仅是一次简单的支付行为,而且是O2O营销中必不可少的一环。在实体经营中,从大商场到小的便利店,皆能看到它们的身影。据公开资料显示,传统企业天虹商场、新世界百货、家乐福等知名零售企业都与支付宝或微信等合作开通了扫码支付。

汇付天下、易宝支付、盛付通等第三方支付也已经早早布局好了线下POS收单业务。无支付不交易、收账付款成为O2O营销最关键的一环。当下,很多大型的电商企业、传统企业、第三方支付都在争夺在线支付资源,逐步形成"三足鼎立"之势,如图1-11所示。

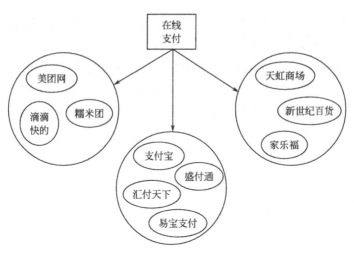

图1-11 在线支付在各类企业中运用的态势

案例分享6

美团网、百度糯米等团购网站,曾是O2O运用的经典。令消费者疯狂迷恋的是它们把餐饮、电影票等服务类项目搬到了互联网上低价售卖。

这种狂热的模式支撑了曾经的千团大战,并最终缔造了很多团购类企业。不过,团购本身也在进行革命,移动互联网的诞生以及移动支付门槛的降低,让团购更具备了O2O的特性——用户可随时随地查询就近的团购店铺,并实时消费,而非以往被动地在电脑上下单然后隔一段时间再消费。

发生变化的前提条件就是移动互联网的出现,首先是信息能以最快的速度传递给用户,其次是便捷的移动支付功能是交易得以顺利完成的关键环节。就像很多专家说的那样,除了上网环境的改变,移动支付的意义最关键,毕竟单纯推送商户信息在短信时代也能完成,但没有支付环节就只能是广告概念。

支付环节的构建可以说是O2O实现的关键,团购产品已经得以体现,而相继出现的打车软件更能说明这一点。打车软件本来可以只承担叫车任务,支付完全可以在线下以现金形式完成,但互联网的本质就是降低交易门槛,所以，我们看到了企业、商家大力鼓励在线支付的方式，这不仅是种补贴激励，更是在创造新的交易路径。

这充分说明，打造O2O营销必须打通在线支付这一关键环节。因此，对于实体店经营者来讲，必须根据自身的实际情况，建设、完善在线支付功能，只有完善了这一环节才有助于形成完整的商业链条，才能保证自身利益的最大化。

店主学堂

那么，就目前而言，能够实现在线支付的平台有哪些呢？主要有如下三大系。

（1）百度系

百度凭借流量入口的优势开通了O2O业务，商户自主通过百度平台便可以开展支付业务。百度的O2O战略以百度地图为中心，百度团购和百度旅游（包括去哪儿）作为两翼，打造大平台和自营相结合的模式，如图1-12所示。

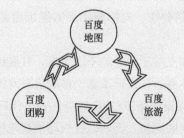

图1-12　百度系O2O战略

2010年6月，百度旗下团购导航的hao123上线，从此之后，百度团购开始由单纯的导航向O2O的方向进化。2013年2月开始上线自营团购业务，2013年8月以1.6亿美元战略控股糯米网。

（2）阿里系

阿里系是涉足O2O支付最早的，也是布局链条最长的平台，与其他支付工具相比具有明显的优势。

① 线上线下可比价工具——一淘网　一淘网是淘宝网推出的一个全新的服务体验，以淘宝网丰富的产品为基础，着眼于做一个导购资讯，旨在解决用户购前和购后遇到的种种问题。这里有一个比较特色的地方就是

提供了带有二维码的比价应用——淘火眼，利用该功能可查询产品的线上价格、线下价格，以及两者的差价。

② 支付工具——支付宝　支付宝是阿里开发的一个独立的第三方支付平台，致力于为广大用户提供安全快捷的电子支付、网上支付、安全支付、手机支付体验，及转账收款、水电煤缴费、信用卡还款、AA收款等生活服务。

支付宝已经在手机摇一摇转账、NFC传感转账，以及二维码扫描支付方面广泛使用，并在线下和分众传媒、线下商场达成了诸多合作。据支付宝CEO彭蕾表示，支付宝的定位就是一种支付工具，以提供与支付相关的场景应用为主，如图1-13所示。

```
支付宝 ── 主要提供支付及理财服务，包括网购担保交易、网络支付、转账、
          信用卡还款、手机充值、水电煤缴费、个人理财等多个领域。
          进入移动支付领域后，为零售百货、电影院线、连锁商超和出租车
          等多个行业提供服务。
```

图1-13　支付宝业务

（3）腾讯系

腾讯以"二维码+账号体系+LBS+支付+关系链"构成的O2O体系。微信二维码入口是唯一的入口，马化腾多次强调：腾讯和微信就是要大量推广二维码，这是线上和线下的关键入口，"微信扫描二维码"成为腾讯O2O的代表型应用。

与阿里系一样，腾讯系也有独立的支付工具——财付通。其与微信、腾讯电商等进行深度整合，以O2O的方式打开手机支付市场。其核心业务"QQ彩贝"打通商户与用户的联系，实现了精准营销，打通了电商和生活服务平台的通用积分体系，如图1-14所示。

```
财付通 ── 其核心业务是帮助在互联网上进行交易的双方完成支付和收款，致
          力于为互联网用户和企业提供安全、便捷、专业的在线支付服务。
          支持全国各大银行的网银支付，用户也可以先充值到财付通，享受
          更加便捷的财付通余额支付体验。
```

图1-14　财付通业务

知识小贴士

扫码支付、远程支付虽然已经得到大范围的运用,也被很多消费者所认可,但就整个链条来看仍处于初级阶段,面临问题依然很多,如安全问题、技术问题都在时刻影响着O2O营销战略的实施,由此可见,在完善O2O支付问题上还有很长的路要走。

第 ② 章
从线下到线上：将消费者引流到线上

实体店最大的困境是经营成本过高，过高的经营成本迫使产品价格必须维持在一个较高的水平，这也是实体店产品较之网店失去价格优势的主要原因。因此，实体店最需要做的就是将产品、消费者搬到线上，利用线上活动进行多样化的引流，从而带动实体店的销售。

2.1 折扣+返还——关注有礼增加店铺客流量

打折、满送购物券、满减现金,是线上促销中最常用的方式,如满500元送200元券,满1000元送300元券等。这种方式直接击中了消费者的命门,迎合了大部分消费者的心理,因而也备受欢迎。

案例分享1

自然堂,是很多女人都熟悉的一款化妆品品牌,在全国各地的很多商场都设有销售专柜。也经常采用折扣、赠品等促销方式来吸引消费者。

随着微信的广泛使用,自然堂开通了微信官方旗舰店。同时,他们也将优惠方式从线下搬到了线上。如关注"自然堂官方微信公众号",消费者就可以到最近的实体店专柜享有低价购买产品的特权,如图2-1所示。

图2-1 自然堂的关注有礼活动

> 这种方式一方面直接推广了产品,增加了店铺的访客量,同时也能提高商家与消费者之间的互动,增强了消费者的黏性,便于消费者长久地关注品牌。

"折扣+返还"是最常用的销售策略,是指在成交价的基础上,再给消费者一定的优惠,如可获得礼品、试用品、购物券等。这种促销策略是最受欢迎的,也是吸引消费者的最好方法。为此,实体店经营者要善于利用这种促销模式,以此来提高客流量。

店主学堂

在利用折扣+返还促销模式时,也要提前做一些准备,具体来讲有以下3点。

(1)做好成本预算

与其他促销形式不同,现金返还是建立在店铺持续获得利润的基础之上,否则就有可能造成资金紧张、成本过高的风险。因此,使用这种促销方式的关键就是做好成本预算,保持收支平衡。

实体店经营者应该根据各产品等级、消费者购买量、资金充裕程度,以及资金预算实际返还的比例来分配返还额度。才能既不失信于消费者,又不会给自己造成损失。

(2)选择正确的返还形式

返还形式的选择正确与否也是影响促销的一个重要因素,返还形式常见的有4种。

① 定额返还 即购买指定产品可以获得固定数量的现金返还。比如,指定某一型号的笔记本电脑,即可获得300元的现金返还。这种方法操作最简单,且易于掌控促销费用,一般适用于某些特定的、单一的产品。

② 比率返还 即按照所消费金额的比率返还,通常包括两种,一种是定额比率,另一种是阶段性的比率。定额比率是指,无论购货金额是多少,返还比率都是一样的;阶段性的比率与消费金额有关,消费越高,返还比率越高。比如,消费1000元以下的产品返还10%,消费1000~2000元的产品返还15%。这种返还形式有利于促进消费者多次

消费或增加单次的消费金额，适用于快速消费品或日常用品，受数量影响较小的产品。

③ 差额返还　这是一种特殊的返还形式，针对消费者惯有的"买跌不买涨"的心理，即在规定的期限内产品价格下跌，将对跌价前的消费者实施差额返还。例如，东风标致就曾采用过这样的促销方式，做了一次差额返还促销活动。2004年东风标致集团在官方网站上宣布，自11月22日起在全国范围内对307系列的价格进行调整，并对之前已购车的近7000车主实行差价现金返还。此方案一出，又带动了一批购车浪潮，很多地方的特许经销店成交量翻了一倍。

④ 与抽奖相结合　将返还现金与抽奖活动相结合，由于其具有趣味性及奖金的不确定性等特点，可大大调动消费者的参与性，对好奇心强的消费者吸引力会非常大。但也有很大的局限性，如返还奖金的控制、比例设定，既不能过大也不能过小，否则会对促销活动的效果形成制约。

（3）尽量取得供货商的配合与支持

做促销活动最好取得厂家、供货商，或者生产商的配合和支持，如获得部分低价促销品，获得部分赞助费用等，这将会大大降低自己的促销成本。

 知识小贴士

"折扣+返还"正是在价格战日益激烈的背景下产生的，与以往的单纯打折或者赠券的形式相比，要灵活很多。打折和赠券都有其局限性，打折往往限制死了价格，赠券又形同虚设，很多时候即便做出了让步，消费者也不买账，达不到预期的促销效果。

2.2　积分兑换——累计积分带来的线上消费

经常购物的人都有体会，在实体店一件普通羽绒服都需要千元以上，而在网上却只需要五六百元；一款3000多元的手机在网上也能优惠200～300

元。这么高的折扣,卖家利润哪里来?其实,在很多大型购物网站,这都是一种促销方式,因为在高折扣的基础上,都附加了一定条件。如消费者需要有一定额度的积分或者达到多少等级的会员才有资格买到这些高折扣的产品。如羽绒服要达到2000积分,手机要达到3000积分……这些积分都是消费者前期消费积累下的。

这就引出了一种促销方式:积分兑换。当前,在网络促销中积分兑换的促销方式越来越多。

案例分享2

蒙娜丽莎美容院是一所全国性的联盟实体店,自从开通了网上商城之后,就经常采取积分兑礼的促销手段。明确规定:凡在商城消费的消费者都会得到积分的优惠。消费者每次付款时,系统就会注明消费额度及相应的累计积分。

积分是为回馈顾客而设定的一种优惠方式,并可依照积分的多少通过线上商城定期兑换。比如,集满5分可得到精美影集一个;6~10分可得到某品牌化妆品套装一套;10~20分可兑换时尚名贵胸花一枚。

该店实行了"兑换没有时间限制"的制度,深受消费者欢迎。这样一来消费者会尽可能多地去消费,以收集到足够的积分再兑换回自己喜欢的产品。

通过网络进行积分兑换已经越来越多地被实体经营店引进,VIP卡积分、会员制积分、感恩回馈积分等,形式多种多样,不但提升了业务量,还能给消费者更好的消费体验。

积分兑换可以直接反映出消费者与卖家合作的紧密程度,这种促销方式一方面可以增加消费者消费的积极性;另一方面由于直接与购买次数、数量联系起来,也是留住老消费者,维持与老消费者关系的有效方法。

店主学堂

如何制订出一套合理的积分兑换促销方案呢?通常来讲是依照消费次数、数量来设置不同的积分标准,进而决定回馈的多少,积分越高获得的回馈越多。具体方法如下。

(1) 保持基本内容的完整性

严格地讲,店铺的实际情况不同,积分兑换方案也有较大的差异。店铺的经营者必须依照自身的实际情况制订积分兑换方案。不过,无论怎么做,必须具备最基本的5个要素,见表2-1。

表2-1 店铺积分兑换方案基本要素

活动目的	促进产品销售
活动主题	购物新主张——幸福"集结号",积分有奖天天兑
活动时间	2015年1月1日开始
活动店铺	A、B、C、D、E、F
活动内容	购物新主张——幸福"集结号"

(2) 积分明细设置要合理

以不高于积分对应的销售额的2%作为设定奖品价值比例,奖品价值按进价计算费用。积分兑换常见明细分档见表2-2。

表2-2 积分兑换常见明细分档

积分(分)	奖品编码	奖品品名	售价
100以下			
100~200			
201~500			
501~1000			
1001~2000			
2001~5000			
5001以上			

(3) 明确兑换细则

① 奖励方式 积分计算要尽量简单,如1元一个积分或10元一个积分。

② 活动时间 活动时间不宜太长,也不宜太短,要给消费者足够的时间累计积分,通常来讲至少要半年到1年的时间。

③ 兑换条件合理 不要设置太多不合理的条件,每次消费凭积分卡可在电脑上自动积分,每次购物达一定额度便可积累1分,当累积到一定分值后即可到服务台兑换相应奖品。

保持线上线下的统一，参加积分的小票同时还可参加店铺开展的其他促销活动；消费者兑换相应奖品，其所剩积分不可取消，要视具体情况可继续累计；奖品要经常更换，且要符合3点：实用、质量好、易拿货。

（4）为消费者提供便捷的申请平台和操作

一般来讲，积分兑换需要消费者先申请才能生效，所以说店铺管理者、经营者一定要在自己的网络平台上公示，并通过一定的方式引导消费者开通申请。

在这个过程中，有一点是十分重要的，即申请手续尽量简单，步骤要简化，门槛要低，以便适用于最大的消费群体。甚至凭借身份证或其他有效证件，满一定金额的购物凭证，即可通过网上平台开通积分兑换业务。

以交通银行积分申请为例：此表大致可分两部分：第一部分是申请人填写持卡人资料和礼品兑换资料，如图2-2所示；第二部分是申请人签名确认部分，如图2-3所示。

持卡人资料

主卡持卡人姓名 ______ 手机号码 ______

身份证号码 ______ 日间联系电话 区号 ______ 电话 ______

信用卡卡号 ______

礼品兑换资料

	兑换编号	礼品名称	兑换数量	兑换所需积分
1				分
2				分
3				分
4				分
5				分
			合计	分

图2-2　申请人资料填写部分

持卡人签署

本人已经仔细阅读并愿意接受交通银行太平洋双币信用卡"礼享生活"积分奖励计划有关服务条款及细则，同意交通银行太平洋信用卡中心从本人交通银行太平洋双币信用卡账户扣减兑换礼品所需的积分。

主卡持卡人签名（需与信用卡背面签名一致）　申请日期（年/月/日）

· 请填妥本兑换表后，直接传真至021-63369164
或寄回：上海市010-628邮政信箱，交通银行太平洋信用卡中心收，邮编200010

图2-3　申请人签名确认部分

知识小贴士

积分兑换活动,是引导消费者在已消费的基础上(达到一定积分)而进行重复消费的一种促销方式,非常有利于增加回头客和稳固消费者的关系,对新消费者来讲是一种激励消费的有效方式,对老消费者来讲也是一种良好的巩固和强化手段。

2.3 有奖促销——玩的就是刺激

消费者普遍存在一种"贪婪"心理,都希望自己能中大奖,买东西不花钱反而赚钱。中奖促销就是利用了大多数人的侥幸心理。因此,现在很多实体店经常会设置一些抽奖促销,以刺激消费者的参与欲望,其实这种方式在线上进行效果更好。

现在在微信公众号、App上流行的大转盘、猜歌名、抢答题、填字游戏等都属于这类促销形式。

案例分享3

2014年6月,南京海峡城某楼盘为打开市场,在微信上举办了"疯狂抽奖"活动。活动规定用户只要关注该微信公众号,即可参与微信抽奖。此外还根据地域特征,设计了很多其他有趣的促销活动,如"玩猜图、识海峡、赢好礼"微信活动。

这个活动可称得上是"接地气"的典范,借鉴"疯狂猜图"游戏画面,猜中即可获取相应的奖品,吸引了大量参与者。从月初开始,这款名叫"疯狂猜图"的游戏便悄然走红,微信好友之间的分享,使这款游戏在微信朋友圈迅速传播。同时,由于在游戏中巧妙地植入了楼盘的宣传信息,对楼盘的销售也起到了积极的促进作用。

此后,该公司大力推出"疯狂猜歌""看图猜成语"等姊妹游戏,都有很好的传播效果。

可见，有奖促销不仅是线下促销的重要形式，也特别适合在线上进行，其最大优势就是极大地刺激了消费者的参与兴趣，使消费者增强了消费的欲望。因此，实体店经营者要善于融会贯通，将曾经在线下使用的、看似已经没有效果的促销方式搬到线上，就有可能收到意想不到的效果。

网络改变的不仅仅是人们的消费观念、消费方式，还改变了人们的消费心态。正如对抽奖促销形式的态度，大部分消费者绝不仅仅是为了玩游戏，最有吸引力的还是背后的奖品。然而，中奖的概率是有限的，这就意味着只有重复消费才有中奖的可能，这也正是抽奖促销的魅力所在。抓住了消费者"贪婪"的心理，以小利便可引导他们更多地投入，更多地消费。

但随着市场环境的变化，竞争日益激烈，如今抽奖促销模式已经开始有些变味。由于线上活动具有隐蔽性，一些不法销售商开始在奖品上打主意，欺骗消费者，坑蒙拐骗事件的出现，严重扰乱了市场秩序。随着消费者的警惕性越来越高，抽奖的促销方式也有了它的短板。要想取得消费者的再次信任，就需要实体店经营者诚信经营，并且精心策划，使活动更加合理，更加吸引人。

💡 店主学堂

如何使有奖活动更合理、更吸引人呢？一般需要从以下4个方面做起。

（1）前期调查

有奖活动的最主要内容应与消费者的需求相符合，比如，针对什么样的人群，对方喜欢什么样的形式，奖品如何设置等。所以，前期调查是非常必要的，这是保证有奖活动成功的主要保障。

通常来讲，调查的内容包括以下3项。

① 消费总量　奖项内容要针对消费者数量来设定。策划活动前，就要先做好市场调查，调查清楚目标消费人群大概有多少，实际购买者可能会有多少？

② 估计中奖概率　统计好大约的购买人数，如1000人。然后在1000人中抽出20位中奖人数，如果平均每人只有一次抽奖机会的话，那就是2%的概率；如果每人有两次，那就是4%。把这些数据告诉消费者，尽量增加销售数量。而且最好把这些数据直接展示给消费者，让每个人都知道自己的中奖概率有多大。

③ 确定奖项所针对的人群　奖品的设置要根据目标人群而定，因此

策划者要清楚消费群体的消费特征、消费心理。假如目标人群是妇女，要知道妇女最喜欢的是什么？假如是小孩，小孩又喜欢什么？假如是老年人，老年人又喜欢什么？如：一款针对年轻人的产品，凡是购买本产品就有资格参加明星见面会，或者赠送歌厅优惠券一张，这对年轻人就非常有吸引力。

（2）确定活动主题

抽奖活动的主题定位非常重要，这将直接决定后续其他活动的策划和实施。良好的活动主题还会直接影响到消费者的参与程度。

（3）确定投放平台

尽管线上抽奖活动是在虚拟中进行的，但受"地点"的影响也特别大。这里的地点就是平台，不同的平台聚众能力不一样。抽奖的地点最好设在流量大、信誉度比较高的终端或者平台上。

（4）确定抽奖形式

抽奖促销形式很多，一般可分为2种。

① 集中抽奖　集中抽奖通常采用高额奖励的方式，集中到有奖活动期结束或分阶段抽出大奖，高额的奖励会产生强烈的刺激，从而引发大量选购，这是其主要目的；而如此吸引眼球的活动通常还会带来口口相传的广告效应，为活动增加宣传力度。

② 即时摇奖　即时摇奖采用现场购买自行摇奖的方式，实现现场兑换，气氛浓烈；丰厚的奖励刺激购买欲望，可配合优惠政策，促进产品销售。

知识小贴士

抽奖促销在实体店中已经是一种日渐没落的促销方式，再加上各种形式的抽奖鱼目混珠，消费者警惕性越来越高。当把它移植到线上后就会焕发新颜，当然不是简单的照搬，而是要精心策划一番，新颖的形式、富有创意的文案都必不可少。做任何促销活动只有本着为消费者服务的宗旨才可获得他们的认可并达到预期的效果。

2.4 免费试用——用看得见的实惠笼络人心

免费试用是个非常有效的促销方式,很多大企业、大品牌在日常促销中都会经常采用。海飞丝、潘婷、飘柔等产品之所以能家喻户晓,与保洁公司采用的样品赠送、免费试用这种促销方式是分不开的。全国任何地方、任何大卖场,只要有保洁产品的地方,就会看到大量的赠送促销活动。

大多数人熟悉的免费试用都是在实体店中进行,随着互联网、移动互联网的普及,这种促销方式也有了新的变化,由线下转向了线上,理肤泉就是其中最具代表性的例子。

> **案例分享4**
>
> 理肤泉是欧莱雅护肤系列旗下的一款护肤产品,2015年6~7月,理肤泉运用微信服务号发起了样品派发活动——免费赠送参与者50毫升装舒缓喷雾一瓶。此次活动突破了以往传统的派发模式,首次在微信上展开,并优化派发流程,有效提升了消费者体验,以及信息与反馈的获取通道。
>
> 这是化妆品行业首例微信智能系统的应用,礼品和试用品的体验促使消费者最终购买,堪称O2O模式下进行产品宣传和推广的范例。

理肤泉的这次活动很好地将线上(微信申请)与线下(到店领取)结合在一起,将企业的外部应用(微信)与内部应用(CRM系统、ERP、数据库等)进行了整合。同时把线下的消费者信息通过线上返回到数据库中,经过整合分析再通过微信平台提供给消费者,满足消费者的需求,创造了更多的价值。如此便形成了由外向内再由内及外的闭环,将企业与用户联系起来,从而使消费者获得了更新鲜、更便捷的体验。

O2O模式的运作流程如图2-4所示。

这种促销方式的亮点在于对微信O2O模式的巧妙运用。将微信公众号(微信智能系统)作为面向消费者的直接窗口,有效地把线上线下业务有序地联结在一起,将企业内外资源进行重新整合,然后,再将收集的用户信息汇总到企业CRM系统,为后续营销工作的开展提供了便利条件。

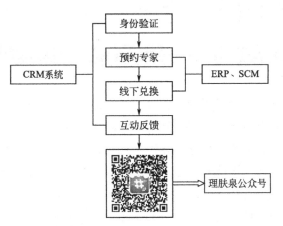

图2-4　O2O模式的运作流程

接下来,就详细了解一下如何做好免费试用促销活动的相关工作。

店主学堂

（1）精心设计试用品

对于店铺管理者、店主来讲,选择什么样的试用品是关键。一是要从本店的实际情况出发,试用品要具有本店特色;二是要力保对消费者有足够的吸引力,对消费者的购买行为有促进作用。因此,在试用品的选择上必须遵循一定的原则,如图2-5所示。

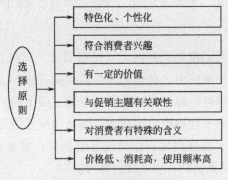

图2-5　试用品选择原则

（2）选择赠送的时机

试用品在促销过程中能否最大限度地发挥作用,会受到很多因素的制约,其中对时机的把握是非常重要的一项。做什么事情都讲究"天时、地利、人和",天时总是排在首位,足见其重要性,所以在赠送试用品时应首先考虑时机。那么,这种时机通常有哪些呢,具体有3个,如图2-6所示。

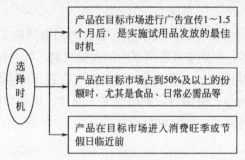

图2-6　试用品选择时机

（3）确定赠送方式

确定了试用品、赠送时机后,就要考虑该以什么样的方式赠送。一般有让参与者到现场领取和向参与者派送两种形式,但前者由于需要参与者亲自前往实体店领取,受主客观因素的限制较多,出于这种考虑建议多采用派发的形式。

派发常见的形式有以下两种。

① 利用快递公司　随着网购越来越普遍,这样的方式逐渐成为主流,而且方便快捷、成本低,不受时间和空间的限制,是运用最多的一种形式。

② 公司亲自派送　根据目标消费者所在地,公司委托当地的分公司、代办处或专人派发。这种方式是给消费者一个较好的体验,能很大程度上树立企业的威望和良好的服务。缺点是成本较高,仅适用于实力雄厚,在各地设有分公司、代理处的企业。

知识小贴士

许多人都有占便宜的心理,利用"试用品"进行促销正好迎合了这部分消费者的心理,也正因为如此,这种方式才会逐渐被各大商家竞相引用,成为商家促销的"宠儿"。

2.5 承办活动——这样搞活动更有趣

提到承办活动来做促销,大部分人都会想到拥挤的人群、震耳的音乐、热火朝天的场景等,但随着互联网平台的大量兴起,社会化营销的逐步深入,类似的场景将会越来越少。不少实体店放弃了在线下举办活动的想法,而是搬上了网络,如微信、微博等,利用文字、图片、声音和视频就可以实现交流,这种方式的互动性、趣味性反而更强。

> **案例分享5**
>
> 吉利汽车就是非常有代表性的一个例子。2013年9月23日,吉利公司利用微信公众号为新产品GX7做宣传,策划了一场大型的促销活动。这个活动与传统促销活动不同的是,仅仅是一款游戏——经典飞机大战,如图2-7所示。

图2-7 吉利GX7飞机争霸赛营销活动海报

> 9月23日，活动正式上线，参与者在PC、微信端同时参与，整个活动以线上"飞机争霸赛"为主，这个活动吸引了很多线上用户的参与。鉴于游戏的受欢迎程度，该公司还将游戏引到线下实体店，前去购车的用户可在店内进行"打飞机"比赛。
>
> 吉利汽车这场游戏活动营销的亮点在于结合了微信平台，通过线上的发酵再延续到线下。全方位地展现吉利GX7，提高了新品的知名度，扩大了新品的市场影响力。

游戏的趣味性迎合了大多数用户的需求，不仅是购买需求，还有更多的精神需求。随着现代社会生活节奏的加快，很多人都将大部分时间和精力投入到了工作中，如果在闲暇之余能放松一下，其感受不亚于一场野外旅游。从这个角度看，吉利的游戏营销正好满足了用户的这一需求，与用户实现了零距离交流，很大程度上缓解了用户的紧张生活。

店主学堂

实体店经营者在承办线上促销活动时至少要围绕以下两点展开。

（1）注重消费者的体验

互联网时代，人们在消费时不光看重产品的外观、质量这些看得见摸得着的东西，还非常看重产品带来的体验效果，即能给心理上带来某种满足感。就以汽车为例，除了品牌和外观之外，舒适度也成了众多车主所看重的。因此，要让消费者在参与中得到物质、精神层面的双重满足，因为只有体验性好，才能调动起参与者的积极性。

（2）既要适合线上推广，也要适合线下推广

这是指活动的适用性，一个好的活动必须能够在线上线下两个阵地展开，这是决定消费者参与程度的主要因素。有些活动虽然设计得好，但只适合针对线上用户，一旦移植到线下就会受到各种限制，难以开展，这样的活动也是失败的。

因此，好的促销活动一定要有特色、参与性强、适用范围广，这是吸引并留住消费者的关键。

知识小贴士

消费者通过互动体验获得了物质和精神的双重满足,这正是承办线上促销活动的魅力所在。同时,如果活动足够好,还可以引流到线下,从而间接吸引线上参与者走进实体店,带动实体店的人气和销量。

2.6 善打感情——给消费者一个迷恋的理由

粉丝经济催生了一大批的忠诚粉丝,他们对于某个产品、某个品牌的青睐程度已经超越了普通消费者的认知。正是有了这种情感,线上的消费者才会比线下的消费者更忠诚。线上交易中,商家与消费者之间缺少了面对面沟通的机会,原本应该更不容易相互信赖,但为什么会出现相反的情况呢?其实这就是线上营销的魔力。

线上营销的情感因素很多,连接买卖双方的不仅是产品本身,还有情感。换句话说就是很多商家在策划营销方案时更善于打情感牌,抓住消费者的情感软肋。

在这方面星巴克做得非常好。

案例分享6

2013年,星巴克在微信公众号上做了件令人关注的事情——推出自己的音乐专辑《自然醒》,其宣传单如图2-8所示。

《自然醒》是星巴克微信公众号上的一个音乐播放功能,会根据用户需求向用户推荐特定的音乐。当用户关注星巴克官方微信账号后,在对话框里输入符号表情,星巴克会自动进行消息回复,并向用户推送适合当时时心情的音乐。

音乐推送的方法给用户带来了别样的体验,一方面可以满足用户的好奇心,另一方面带来了不同的心理感受,星巴克不单是在卖咖啡,更多的是在卖一种情感。这样一来,星巴克不费吹灰之力就俘虏了用户的

图2-8 星巴克《自然醒》宣传单

芳心，并让其心甘情愿地帮自己做宣传。而用户对于这种新颖的做法也并不反感，这就是星巴克提升自身品牌影响力的独到之处，值得借鉴。

情感诉求，是人的一种情绪或情感反应，在营销活动中打情感牌，可有效激起消费者某种情感共鸣，如喜悦、悲伤、怀旧、向往等，以带给他们心理上的满足。这种促销方式看似与产品无关，实际上却可以大大增加产品的附加值，使消费者对产品产生认同、认可，甚至某种偏好。

店主学堂

在策划促销活动时要善于融入情感因素，那么如何将情感因素融入其中呢？需要做好以下两个方面的工作。

（1）寻找消费者的情感诉求点

对方之所以决定购买一款产品或享受一项服务，一定会倾注自己的某些感情需求。所以，在营销中必须以某一情感诉求为出发点，以此来激发对方的需求。否则，对方在压力之下会产生一种条件反射行为，即对于别人的好意抱有一种警惕之心。

打情感牌的关键在于找到消费者的情感需求，在运用这种策略之前必须明确消费者的情感诉求点在哪儿，然后根据这个点展开更具体的分析。下面是常见的几种情感诉求。

① 亲情 中华民族是一个特别注重孝道的民族，亲情是任何东西都无法代替的，比如，父母对子女的爱，儿女对父母的爱，兄弟姐妹之间的爱。以亲情为载体既符合我国的文化主流导向，又容易引起绝大部分人的情感共鸣。

② 爱情 爱情是人类最伟大的情感之一，利用爱情为诉求点是一个百试不爽的方法。在商场中，经常可以看到商家打出"情侣装""情侣表""情侣鞋"等标识，任何一款产品都可以成双成对地出现，这就是"爱情"的力量。很多年轻人会认为，只有穿上或戴上能够表现出两人关系的物品，才能显示出彼此的亲密程度。由于情侣产品赋予了恋爱中的消费者浓浓的情意，所以才会更加受青睐。

③ 友情 友情也是人生中最重要的一部分，有些产品就需要与好朋友一起分享。现在很多消费者去办事都习惯赠送一些小礼品，甚至为了增加朋友之间的情感，很多人会选择具有代表意义的东西相互赠送。现在很多产品都直接打出了情谊牌，比如，贵州青酒的"喝杯青酒，交个朋友"，麦氏咖啡一打入市场就将产品定位在友情上，"好东西要与好朋友分享"，把咖啡与友情结合起来，吸引了大部分消费者。

（2）运用恰当的情感诉求方式

找到了正确的情感诉求点，还必须运用恰当的情感诉求方式，只有这样才能成功实现激发消费者心理需求的目的。有的人由于没有掌握正确的情感诉求方式，反而让消费者感觉到有一点假惺惺、做作。

① 直接作用诉求方式

这种方式是指通过情感对产品信息的加工，来直接影响消费者的心理。这种方式通常运用在某种情感体验与产品信息比较一致时，对方很容易通过某个情感诉求点来联想到产品，从而对产品产生兴趣。

② 间接作用诉求方式

这种诉求方式是指通过情感对产品信息的加工，间接影响消费者的心理。这种方式通常适合以下情景：消费者对产品了解比较少，产品无法唤起消费者内心的购买欲望，无法形成"移情"。

知识小贴士

赋予产品某种情感因素是提升产品附加值的一种重要方式，很多消费者正是对某种情感产生了依赖性才会产生购买之意。值得注意的是，在赋予某种情感时一定要合情合理、真情实感，避免只说些堂而皇之的空话、虚情假意。

第3章
微信：O2O体系构建中最不可缺少的一环

做好促销的关键在于渠道创新。互联网时代，微信的异军突起为实体店做O2O营销提供了一条新渠道。微信中的很多功能，如二维码、朋友圈等由于其便捷性、易传播性，已经成为O2O营销体系建设中非常重要的一个入口，为实体店开展O2O营销打下了坚实的基础。

新零售：
实体店O2O营销与运营实战

3.1 疯狂微信，把信息"转发"给粉丝

伴随着微信的火热，一种创新性的营销模式正在逐步兴起——微信营销，正如微信官方的那句宣传语："我的品牌，上亿人看见"。事实也是如此，微信营销正在各大行业疯狂崛起，以迅雷不及掩耳之势横扫市场，媒体、网站、电视，甚至那些大V都在秀自己的微信。

随着微信的广泛运用，利用微信来进行营销的实体店越来越多。

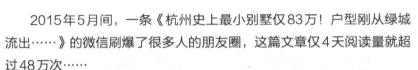

案例分享1

2015年5月间，一条《杭州史上最小别墅仅83万！户型刚从绿城流出……》的微信刷爆了很多人的朋友圈，这篇文章仅4天阅读量就超过48万次……

其实，这是某房产营销中心发布的一条卖房消息，"桃李春风"是一个地产项目，位于杭州城西，主打小型别墅，由于户型别致，配置豪华，堪称"中国家庭颐乐生活新里程"。

距正式售卖还有几天时间，内部销售人员就在微信上发送了该文章，并配有清新的图片，以便为售卖进行提前预热。据销售人员介绍，当时就只发过几条微信，尚没有完整的销售方案，甚至连最基本的推广准备都还没做，却没想到能收到这么好的效果。文章发出去的几分钟后就收到几十个咨询电话。24小时后阅读量竟高达28万次！4天后已超过48万次，同时咨询电话也是不断。在此后连续一个多月的时间里，销售处的热线每天要接到200多个电话，很多时候电话根本打不进来！200套的销售指标也很快就抢购一空，本计划5月底才截止的认筹期不得不提前结束。

一篇文章为什么能带来如此巨大的效益呢？这连他们自己也没有想到，这可能是史上成本最低廉、效果最好的一次地产营销。没有投放大量广告，也没有花费太多的推广费用，仅靠一篇微信文章就基本完成了任务。这也充分说明微信传播的力量速度之快、范围之广，超过了以往任何一个媒体，其

传播的精准性也大大增强。

正是由于这些优势，微信已被认为是构建O2O营销闭环的一个最佳入口，通过微信实体店与线上营销高度结合在了一起。微信就像一座桥梁，连接着线上和线下，连接着企业和消费者，使线上与线下、企业与消费者间有了一个充分的互动。

那么，微信在营销中是如何体现的呢？主要体现在以下6个方面。

① 引流线上用户光顾实体店。

② 用户身份识别。

③ 微信在线支付。

④ 线下购买。

⑤ 进行消费者分析。

⑥ 对消费者进行持续的精准营销。

店主学堂

在认识到微信的重要性之后，作为实体店经营者就该努力打造一个自己的微信体系。微信体系主要包括三个层面的内容，分别为微信、微信公众平台和微信小店，如图3-1所示。

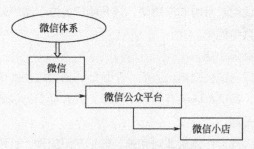

图3-1 微信体系的三个部分

（1）开通微信

开通微信是建立微信O2O营销体系最基础和最主要的一个环节，做微信O2O首先必须拥有一个微信号。从腾讯官方的要求来看，微信面向任何个人和企业开放，任何形式的主体都可以申请。

微信的申请一般有两种形式：一种是QQ账号注册，在微信登录界面直接用QQ登录即可。具体方法为直接输入QQ号和密码，根据提示完成注册即可；另一种是手机号注册，在微信登录页面，选择"使用手机号注册"或"创建新账号",输入手机号码,根据提示完成注册即可。

值得注意的是,1个QQ号或手机号码只能申请1个微信号,注册时需提前确定名称、Logo、备注和标签等,这有利于消费者对该号进行识别和进一步了解。

(2)开通微信公众平台

微信公众平台是微信最主要的一个应用功能,随着微信的火热,越来越多的人开始关注微信公众平台。该平台实现了双方或多方在文字、图片、视频、语音等多层面、全方位的沟通和互动,其运作模式如图3-2所示。

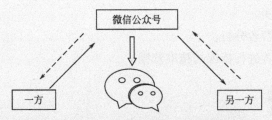

图3-2 微信在企业与用户之间的纽带关系

微信公众平台在O2O营销体系中,起着非常重要的作用,通过该平台商家可以打造自己的营销平台,与用户实现多种形式的沟通与互动。对于用户来讲,使用起来也非常简便,只要用户关注了微信公众号,就可以随时随地查看其中信息。

(3)开通微信小店

微信小店是微信公众平台上的一个功能,通过该功能可将形形色色的小店搬进微信。微信小店的开通非常简单,只要拥有微信和微信公众服务号,即可直接开通。

微信小店内部运作体系非常完善,包括产品管理、订单管理、货架管理、维权等功能。现已逐步形成了商家店铺+交易系统+第三方服务商+微信支付+广点通(腾讯公司推出的效果广告系统)+大数据运作的模式,这与淘宝上传统电商商家店铺+基础交易系统+第三方服务商+支付宝+直通车+大数据的模式如出一辙。

微信小店内部运作体系如图3-3所示。

开通微信小店主要是为了弥补微信公众平台的不足,微信的功能主要在于宣传、推广及与用户沟通,但无法满足消费者直接下单、付款购买的需求。这时便可开通与之相对应的微信小店,一旦消费者有购买需求,即可进入相链接的微信小店下单、支付,其实这也是微信O2O营销闭环的终极一环。

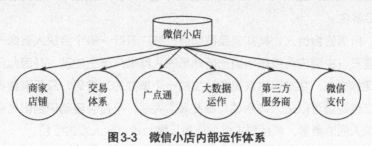

图3-3 微信小店内部运作体系

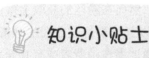

当微信走入人们的生活,线上线下经营的差距也逐渐缩小,实体店之间的竞争也更加公平。无论个人卖家、个体经营者、私企还是名企、大品牌连锁店,都可以在同样的环境中去获得占领市场的机会,获得自己的用户群。

3.2 微信群——培养自己的忠实粉丝

微信群是微信中最常用的一个功能,最大的优势是可以多人交流、信息共享,因此,微信群也是微信里人气最高的应用之一。

同时,微信群也为店铺营销、品牌推广开创了社群式的营销模式,产品在群中可以100%精准发布,同时还可通过LBS(地理位置服务)、语音功能、实时对话等一系列功能,使传播方式更加丰富、交流更加到位。

案例分享2

某茶艺馆老板在线上推广自己的茶,通过微信群招募合伙人。他

新零售：
实体店O2O营销与运营实战

> 通过建微信群的方式聚集了一大批茶叶爱好者，并在群里逐步培养起自己的威信，最终择优录用为自己的"合伙人"，短短几个月竟招募到200多名。
>
> 所谓的合伙人，其实就是帮助自己推广茶叶。每个合伙人就像一名销售员，主要任务就是向自己所熟悉的人群推广群主的茶，并因此获得一定的提成。在推销时系统自动生成一个单独的二维码，只要消费者扫描二维码就可以进入微商城，消费者购买后，平台会自动识别出是哪位合伙人的消费者，然后群主根据信息反馈为该合伙人发送红包。
>
> 优质的产品加上推广者的鼎力相助，使该店的销量大幅上升。

做好微信群促销的关键就是获得足够的粉丝，然而在粉丝的获取上微信群是个非常主要的方式。它的私密性非常强，可以强化群好友之间的感情。所以，作为店主第一步就是创建一个或多个群，邀请潜在消费者或有共同兴趣爱好的消费者成为群友。

💡 店主学堂

（1）创建微信群

① 打开微信点击右上角的"+"图标，在下拉菜单中点击"发起群聊"。

② 在好友中选择想加入群的人，在后面打勾，点击右下角的确定，微信群就建立了，同时可以群发送语音或者文字图片。

③ 如果想继续添加的话，之前所选定的联系人后面有个"+"，点击可以再添加，反之点击"-"也可以将其"请"出聊天室。

④ 修改"微信群聊"名称：点击聊天界面右上角的按钮，选择"群聊名称"，即可直接输入新的群名称，然后保存即可。

（2）借助多种渠道，吸收更多的粉丝参与

微信群的创建非常简单，最难的是对群进行管理，如何吸收到更多的粉丝，如何防止掉粉，如何将粉丝转化为营销力等。

这就需要运营者想尽一切办法，推广自己的群，扩大微信群的影响力。纵观那些优秀的运营者，他们在这方面都下了很大的工夫，付出了很多时间和精力。

接下来看一些成功的案例：

"@糯米酒先生酿造"是来自厦门的一名酿造糯米酒先生的微信号，他经营着一家客家土楼。当时，他在进行微信营销时为了吸引更多的粉丝，用了近半年的时间深入生活中现场"拉粉"，遇到合适的消费者还主动上去搭讪，递上印有二维码的名片，邀请其关注。

在获取消费者信息后，他还会进行电话回访，进一步沟通，拉近感情，以博得粉丝的信任。如此反复，他最终获得了400多位忠实粉丝，这些人也都成为了其建立微信群的基础。

无独有偶，南京的一位卖板鸭的老板，起初利用微信推销时也没有足够的粉丝，为了提高关注度他采取的是嫁接移植策略。即在陌陌、米聊等社交平台上，看谁的粉丝最多，就直接加为好友与其沟通，建立较稳固的关系。这样一来，一旦获得这个人的青睐，其相关联的粉丝都会成为潜在的消费者。将他人的粉丝嫁接到自己的微信账号去，以此达到增粉的目的，这种方法效率非常高。

粉丝的积累方法有很多，比如，与消费者沟通时，与消费者群聊时，当消费者来电咨询时，可直接告知其账号，邀请消费者关注；当然还有"利益"的引导，诸如折扣、抽奖或线下体验等。还有更多的曝光方式，比如DM单、展会等。总之，不放过任何一个曝光自己账号的机会，所有产品的标签上都有二维码接口，一样是"诱导"消费者关注。

方法可以不尽相同，但目的都是一样，每个人争取能从中悟出一些道理：善于借助外部渠道，巧妙、灵活地扩大自己微信群的影响力。

（3）进行高质量的互动，增强群友的黏性

获得大量粉丝后，很多人还面临着一个困扰，即担心掉粉。事实上这也确实是一个最常见的问题，有很多人的微信群表面上看拥有的粉丝不少，但却有很大一部分属于僵尸粉，或者是一边增粉一边却在掉粉。

因此，做微信群最关键的是如何黏住粉丝，让他们对产品产生依赖。案例中的茶艺馆之所以能通过微信群招募到合伙人，并带动线下的销量提升，其实不仅只是建一个群那么简单，还要保证这个群随时都有一个非常高的活跃度，群主与粉丝之间或者粉丝与粉丝之间，要频繁互动，培养群体之间的忠诚度，这才是其中最重要的原因。

比如茶艺馆的群主会引导大家主动交流，谈谈对茶的感受、自己与茶的故事、泡茶的技巧等。同时也会不定期给大家推送红包、晒晒美景、照片，谈谈生活趣事，有了这样的互动，群的氛围才会越来越好，一旦有人发出话题马上就会有很多人响应。

除了线上互动外，群主还会经常组织线下活动，如邀请优秀的茶艺师授课、提供舒适的品茶环境、来一次小聚会等。

知识小贴士

微信群是非常实用的一种营销渠道，能很好地黏住线上用户，并向线下转化。但经营好一个微信群却不容易。微信群这个"小圈子"就像个小社会，想要真正地玩转必须理顺里面的人际关系，只有这样才能将每个群友紧紧地团结在自己周围，让他们变成产品宣传和推广的渠道。

3.3 二维码——卖家与用户直接对话

看电视、看杂志或者走在大街上、乘地铁、坐公交车时，经常会看到各式各样的二维码。只要用手机扫描一下就可以了解其内含信息，这着实为大众提供了更多便利。事实上，这也是一种推广方式，网络平台、企业、实体经营者都可以根据所宣传的内容生成二维码，然后利用二维码进行营销和推广。

二维码是微信中最具特色的一个功能，也是微信O2O中最常用的一个入口。用户只需用手机扫一下就能获得卖方更多、更详细的信息，如产品折扣、优惠以及其他服务等都一览无余。对于卖方来说，这也是一种低成本的营销方式，用户每扫一下就相当于做一次宣传。因此，对于实体店经营者来说，一定要利用好二维码，让其低成本、高效率的推广方式发扬光大，为消费者提供便利的同时，也给自己带来更多的机遇。

> **案例分享3**
>
> Turquoise Cottage是印度新德里的一家酒吧,为了让顾客度过一个美好的夜晚。他们在进店的印章上下了工夫,将以前传统的图案换成了二维码。Turquoise Cottage将自己的这种创意印章称为Buddy Stamp。
>
> 顾客只要用智能手机对准二维码,就能访问Turquoise Cottage的网站。当顾客在晚上8点到10点扫描二维码的时候,还能享受到夜店里某些饮料的折扣,如果时间是早上6点到下午四点,还能提供宿醉提示。
>
> 超过85%的夜店达人使用智能手机扫描了二维码,并且积极将这一独特的体验分享到Facebook上。

二维码促销大大方便了消费者,也为实体店创造了新的营销机会。就像1号店,在每种产品下放置相应的二维码,不但能使信息快速传播,还能满足消费者的个性化需求,提高消费者的满意度。

Turquoise Cottage之所以做得这么好,就是因为"便利",消费者可以随时随地拿出手机扫描选购。这也是微信营销的最大特点之一。实体店铺如果也能这样移动起来,实现24小时不间断促销,做到送货、服务一步到位,那么产品品牌推广速度会大大增加,消费者数量也自然水涨船高。

微信营销已经越来越被更多店铺所青睐,据统计,使用二维码营销的店铺已经超过1000家,通过二维码营销建立了移动网络24小时商铺。而现在的洛杉矶年轻人也十分享受这种二维码消费过程。就餐只需要扫描一下餐厅的二维码就能知道这家餐厅的龙虾到底是不是新鲜的;住酒店只需要扫描一下酒店二维码就可以知道有没有合适的房间、价位如何。

可见,采用二维码营销,建立一个移动网络24小时商铺将会是店铺未来的一个重要发展趋势。人们将逐渐喜欢并且依赖上这种独特、新颖的科技消费方式。下面就总结一下如何建立二维码促销模式。

店主学堂

(1)给消费者一个"扫"的理由

不是每个二维码都会获得消费者的关注,从掏出手机到找准二维码扫描,这其中的原因一定是他们认为对自己有用、有价值。站在管理者的角

新零售：
实体店O2O营销与运营实战

度，一定要给消费者一个"扫一扫"的理由，引导他们进入二维码空间。

这是二维码营销的基础，因此做好二维码营销必须认真思考每一个环节，包括制作、展示、用户扫描、查看等，都要充分考虑到消费者的消费习惯和心理。

（2）建立移动的店铺网页

做二维码促销移动版网页是必须具备的一个条件。试想一下，当消费者满怀期待地扫二维码进去之后看到的是一个空洞的电脑界面，心情会如何？移动网页是由专业的移动版网站平台供应商专为手机设备量身定做的，能快速加载页面，并且适用于不同手机浏览器的一种网页。拥有了这款网页，再配以相应的文字、图片即可。就像微博、电脑网站一样可供浏览。

（3）内容要进行适当编排

内容编排以简洁为主，一方面是手机版面有限，另一方面是方便消费者快速抓住核心信息。消费者的目的是很明确的，他们希望立即在小屏幕中找到自己需要的内容。

在内容编排上，一定要牢记一个原则：简单而清晰。同时，二维码边上附着的文字、使用方法介绍等，也不宜太详细。

（4）二维码放在消费者最容易看到的地方

二维码放置在什么地方最合适，这是非常有讲究的。二维码对地点的选择要求极高，比如，放在手机信号很难覆盖的地方，除了让用户叫苦不迭以外，不会有任何效果。电梯、地铁里信号都不太稳定，最好不要放置。

同时，还需要兼顾到人流量，比如，路边的广告牌、过道橱窗上，匆匆而行的人流中很少有人会留意。最佳的地方是大家停留时间可能较多的地方，如公交车站的灯箱、餐厅的桌角、电影院排队的地方。

知识小贴士

二维码是掌握信息数据的一把"钥匙"，在现代商业活动中应用十分广泛。产品防伪、广告推送、网站链接、数据下载、产品交易、定位或导航、电子商务应用、信息传递等，都开始采用二维码形式，只要扫一扫即可获取相关信息，简单便捷。

3.4 朋友圈——开放促销宣传新渠道

朋友圈，在营销中起着巨大的推动作用，通过朋友间的口口相传达到一传十、十传百的效果。正如乔·吉拉德曾说，"在每一个消费者背后都站着250个人，这些人或是他的亲人、朋友，或是同事、邻居，如果推销员能让1个消费者觉得满意的话，那么将有可能影响到250个人愿意和这个推销员打交道"。

这就是著名的"250定律"，尽管有些夸张，但至少说明通过朋友圈的连锁传播的确可以带动促销。不过，我们这里讲的"朋友圈"不是现实中的朋友，而是特指微信的一种功能，因传播方式相似而得名。

现如今，出现了通过微信"朋友圈"来进行产品促销、扩大品牌影响力的店铺。比如，淘K网曾利用这种方式推出"爱琴海KTV点赞活动"，推出后陆陆续续有很多人参与到点赞活动中，主动添加淘K网微信公众号。这就是朋友圈营销的效果，某些程度上，它和乔·吉拉德的"250定律"一样，都能在消费者中引发非常大的连锁反应。

下面是一个卖佛牌的姑娘，用自己的亲身经历讲述的凭微信朋友圈月赚百万的实例。

案例分享4

卖佛牌的姑娘叫卢柒柒，售卖的是泰国比较流行的一些佛牌、心锁等产品。这些产品都有很好的寓意，可以祈福、保平安，深受善男信女的青睐。

她售卖这些东西都是在微信朋友圈上完成的。为了充分利用好朋友圈这个资源，她聘用了十几名员工，每人运营一个微信账号，有专门负责在朋友圈中推广、宣传的，有提供直接交易的，有提供售后服务的。在朋友圈除了看到各种产品外，还可以看到关于佛牌、古曼童的一些知识，有意了解的消费者还可以与她直接交流，进行深层次的了解。

据卢柒柒回忆，她经营佛牌生意已经有多年，在淘宝上的店铺就多达几十家。自从微信风靡起来之后就转战微信，且微信上的收入已经开始超越淘宝，每月的流水都在几十万元，甚至百万元。

朋友圈是微信上人与人沟通和交流的主要工具，当它作为一种营销工具时确实也带来了不小收益。这是因为微信朋友圈有很大的流量，有巨大流量的地方必定存在商机，朋友圈作为微信聚拢用户热度的重要地方，犹如当年的微博、QQ空间，可以实现人与人最大限度的沟通和交流。

即便展现形式没有微博、QQ空间那般自如，但凭借着庞大的用户群体和便捷移动端的优势，朋友圈的促销现象也异常火爆。

店主学堂

如何利用朋友圈很好地推广自己的产品呢？可从以下4个方面做起。

（1）点赞和评论

朋友之间只有走动起来才能更亲密，微信朋友圈也需要时常走动一下。走动的方式就是对微友进行点赞和评论。在微信朋友圈中，可以对每个人所说的话及转发的文字、图片进行点赞或评论（每句话的下方）。

在朋友圈，点赞或评论也是一种交流方式（如图3-4所示）这就像现实中见面打招呼一样，可给对方留下好感，让对方很快记住自己。只有经常性的互动，才能达到真正意义上的加深情谊：达到交流→交心→交易逐步转化。

图3-4　某朋友圈的点赞和评论

（2）多分享

爱玩微信朋友圈的人都有一个共性，那就是爱分享。吃饭要拍个照，旅游也要拍个照，然后分享到朋友圈。这就是分享带来的喜悦，给产品做宣传也一样，要养成爱分享的好习惯，这些分享的信息，朋友圈中的成员在浏览的时候都能看到，一次、两次，无形中就做了免费广告。

（3）做好传播

微信朋友圈营销具体讲是将营销社交化了，主要通过人与人之间互动分享，实现"病毒式"传播。从这个角度看，微信好友的多少成了营销的关键。有两种方法可以快速增加自己的微信好友。

① 将QQ好友转为微信好友

将QQ好友转为微信好友有两种途径：一种是让对方主动添加自己；另一种是主动添加对方。值得一提的是，在主动添加对方时最好先进行分类，确定某个行业、某个地区或者某个年龄段等，这样更容易操作，方便管理。

② 将手机通讯录加为好友

a.将待加的手机号码整理成txt或者doc格式（具体可根据导入的软件来设置）。

b.用豌豆荚或QQ手机管家导入到手机通讯录上（导入前先取消个人微信号与所用手机号码的绑定，导入完成后再重新绑定）。

c.系统自动将手机通讯录导入号码列表中。

d.发一条推荐的信息，如对方有回复，就可以点击添加对方为好友。

（4）提供免费或增值服务

在传统的促销中，为了更好地吸引消费者，卖家会经常给消费者一些小恩小惠。其实在朋友圈中也是同样的道理，要善于用一些免费或者增值服务来鼓励对方关注微信，或让对方将朋友圈的信息分享出去。

知识小贴士

经营微信朋友圈与经营现实中的朋友圈一样，需要多交朋友，扩大朋友范围，并让每个人成为信息传播和推广的载体。每个人将信息分享

> 到自己的朋友圈，表面上看只传播一次，实际上可能是数倍的传播，这时不管是推荐产品，还是发布广告，都是非常有效的。

3.5 摇一摇——扩大曝光率，唤醒附近的人

微信中有一个添加好友的功能——"摇一摇"，这个功能是指当两人或多人一起摇手机时，系统就会迅速列出一个正在摇手机人的名单，添加为好友后，相互之间可以进一步了解。利用这个功能既可以主动添加，也可以被动添加，大大增加了相互认识的机会。

在摇一摇强大的聚合效应下，认识陌生人的机会增加了，从陌生人变成朋友圈的人，无疑会对宣传产品有一定的帮助，还能增加曝光率，从而挖掘出潜在顾客。

> **案例分享5**
>
> 北京大鸭梨是消费者非常喜爱的平价餐厅，曾经被评为最受北京百姓欢迎的名店，但近几年在激烈的餐饮市场竞争中开始没落。微信营销兴起之后，大鸭梨也开始寻求新的发展机会，从2014年开始陆续推出"阳光厨房"活动，重新吸引了新老消费者的光顾。
>
> 2015年7月，大鸭梨接入微信"摇一摇"，6日在其微信公众号"大鸭梨餐饮有限公司"上宣布，旗下的60多家门店共同举行"大鸭梨双吃节"，并提前通过"摇一摇"吸引线上粉丝到店参加。同时，粉丝也可将摇到的卡券分享到朋友圈，让自己的亲朋好友也享受到这份福利，如图3-5所示。
>
> 大鸭梨的这次微信摇一摇双吃节活动，充分调动了用户参与的积极性，收到了十分好的效果，实现了消费者参与人数的重大突破。据统计，在消息发布当天，该微信公众号阅读量达到10000余次，"摇一摇"总人数为6000多，"摇一摇"次数为22804次，现场送出卡券13643张，通过朋友圈分享出去的卡券为8309张。

图3-5 大鸭梨微信"摇一摇"双吃节

店主学堂

"摇一摇"是微信内一个交友应用,是指进入该界面时轻摇手机,微信可以自动搜索到同一时间段触发该功能的微信用户。在摇到的人中基本是按照距离、方位远近来排列的。

"摇一摇"的操作方法具体如下。

(1)摇一摇的操作方法

①"摇一摇"右上角有个环状图标,点开进入即是设置界面。

②点击"设置",可查看到上一次摇到的人群,也可以更换背景图片。

③在摇到朋友后,直接点击即可开始聊天。

④点击头像还可以查看摇到好友的基本信息状态。

(2)"摇一摇"的功能

通过"摇一摇",用户能享受多重的体验,不但可以加好友,还可以传图、搜歌曲等。

①"摇一摇"加好友 首先点开"摇一摇",在摇到周围的陌生账号

后向对方打招呼，发起对话，在征得对方同意后就能添加好友了。

②"摇一摇"传图 "摇一摇"传图是将电脑网页上的图片传到手机上，通过二维码与电脑连接，两个设备相连接后可自如地发送图片等。

"摇一摇"传送图片需要先进入http://wx.qq.com/yao，下载插件后才可以使用。目前只有四款浏览器支持这一款附件，分别为chrome、Sarari、Firefox和Sogou。随意选择一款点击"安装插件"进行安装，重启后浏览器就会出现一个二维码，这时点击手中设备右上角的"扫一扫"，将二维码放入取景框内即可自动扫描。扫描后，再点击设备屏幕上的"确认绑定"，PC端和设备端就会自动连接，这时就可以向设备端传图片。只要摇一摇，不管PC端在何网页，网页内的图片都可以立即上传至移动设备中，如图3-6所示。

图3-6 "摇一摇"传图

③"摇一摇"搜歌 这个功能主要是帮助用户搜寻歌曲，有时用户听到某首歌曲，又不知道歌名，就可以用搜歌功能自动获取歌曲名称。

用户登录微信，选择"摇一摇"进入"摇一摇"主页面，选择"歌曲"选项。轻轻摇一下手机后，手机会自动识别听到的声音，稍等片刻即可出现正在播放的歌曲歌词。同理，还可以"摇一摇"视频或电视剧，采取同样的方法和步骤即可搜索到想找的视频和电视节目。

知识小贴士

微信摇一摇功能在信息传播、广告推送方面的优点是便捷性和群体范围比较广；缺点则是局限性和盲目性也比较大，即所传播的信息不一定是对方需要的，甚至很难令对方接受。因此，这也只能当作一种辅助工具来用，不可作为主渠道去开发。

3.6 漂流瓶——大幅度提升营销效果

招商银行开启了漂流瓶营销的先例，成为行业内成功的典范。招商银行利用"漂流瓶"功能曾经发起了一个具有慈善性质的营销活动，即为自闭症儿童募集善款，一时间受到了广泛关注，名声大振。

招商银行将爱心漂流瓶扔出后，一旦被微信用户捡到，回复之后就可参加"小积分，微慈善"活动，为自闭症儿童提供帮助。这是具有技术、创意和代表性的微信互动案例，也给很多实体店经营者提供了参考。

现在有很多实体店运用这一方法来宣传产品，并且带来了不错的效果。

案例分享6

一个做婚礼策划的商家，刚起步时十分迷恋网络营销，论坛、博客都试过了，但效果一直不明显。后来在玩微信时发现漂流瓶这一功能非常适合做推广，于是就开始试着发了几条，没想到每投一个瓶子都能得到很多人的回复。

发了一段时间后，便积累了不少天南海北的朋友，有的人还转化成了线下消费者。漂流瓶带来的销量虽然不是特别多，但他已经从中找到了信心。后来该商家对业务又进行了精心编排，对宣传信息进行了提炼，并建立了自己的网站。将网址信息以漂流瓶的形式扔出去后，由于网站的信息蕴含量更大，更便于展开二次传播，因而吸引了很多人的关注。

漂流瓶如果运用得当，足以产生良好的营销效果。微信"漂流瓶"功能有点类似于QQ邮箱里的漂流瓶功能，经常使用QQ邮箱的人对"漂流瓶"一定不陌生，在微信中同样也有这样的功能。漂流瓶是一种非常好的信息扩散方式，然而，就推销的效果而言曾备受质疑。其实，已经有很多商家开启了漂流瓶营销的先例，而且效果奇好，也成为一个成功的典范，关键是在传播的内容上要新颖，敢于创新，能引起陌生瓶友的足够关注。

店主学堂

虽然"漂流瓶"操作简单，但如何借助"漂流瓶"进行产品宣传和推广呢？可从以下两个方面做起。

（1）充分利用语音功能

微信漂流瓶的发送方式非常丰富，可以发送不同形式的内容，比如文字、小游戏等，尤其是语音功能更是其他漂流瓶所不具备的，对营销十分有利，也更便于与消费者互动。

以"漂流瓶"中的语音功能为例，可以发送语音瓶子，使用起来不但方便，还可以打造更加真实的营销效果，如图3-7所示。

图3-7 微信漂流瓶中的语音功能

（2）设置参数

微信官方可以对漂流瓶的参数进行更改，这也是企业特别青睐这种方式的原因。比如，设置推广的地域、时间，使企业可以定向、定时地将瓶子扔出去，这样也能使扔出去的瓶子被"捞"到的概率更大。

比如在时间的设置上，如果选在用户使用该功能较集中的时间段去扔1个瓶子，假如有1000个人在线捡瓶子，那每个人就有千分之一的概率捡到所发的瓶子。

招商银行在开展活动期间，每捡十次漂流瓶便基本上会有一次捡到商家的爱心漂流瓶，相信这也是微信和商家进行战略合作的结果。

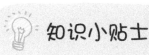

要想做好漂流瓶营销也并不是那么简单，需要经营者用心策划漂流瓶的内容，调查研究所在的行业，都有哪些人会关注，而这些人又喜欢在哪几个时间段查看微信等。行业不同，宣传的内容自然也就不同，方法也要因人而异，但无论如何，都离不开"用心"二字。选择合适的漂流瓶种类，做出最适合自己品牌和营销的方案来，才能吸引到更多的有效粉丝。

3.7 微信公众平台——打造移动推广平台

在O2O模式中，微信公众平台起到了非常重要的作用。微信公众号是微信体系中一个主要的功能模块，通过该平台商家可以打造自己的营销平台，与用户实现多形式的沟通与互动，如文字、图片、语音等。而且使用起来也非常简便，只要用户关注了微信公众号，就可以在平台上随时随地收发信息。

微信公众号可分为订阅号和服务号两大类。订阅号主要是为用户提供信息和资讯，如央视新闻、骑行西藏；服务号旨在为用户提供各类服务，如招商银行、中国南方航空。

案例分享7

随着业务和服务一体化趋势的增强,也有很多企业同时开通两个号,大众点评网双号运作如图3-8所示。

图3-8 大众点评网双号运作

大众点评网采用的便是双号运营,订阅号"大众点评网",主要推送吃、喝、玩、乐等资讯,进行秒杀、抢购等活动。服务号"大众点评"则主要提供了在线消费者服务及热门活动参与接口,另外还可以直接选择各种服务,例如订酒店、找美食、看电影等。

自从微信公众号大获成功之后,这种模式便被很多企业复制运用,尤其是微商、电商等,都希望利用这种营销盈利模式寻求突破。微信公众平台作为一种新的营销方式,与传统的营销相比具有很多优势,比如,可与用户进行一对一的沟通,可以利用搜索功能将相近、类似的信息迅速呈现出来,极大地提高了营销准确性和精准度。

只要充分发掘这一功能的优势所在，就可吸引大量用户，并轻松获得用户的认可。但是如何来利用好微信公众平台进行推销呢？这就需要掌握必要的操作技巧。

店主学堂

（1）实时推荐

微信公众平台信息的到达率是100%，通过一对一地关注和推送，公众平台方可以向用户推送包括新闻资讯、产品消息、最新活动以及咨询、客服等消息。

同时，由于可以实现用户分组、地域控制等功能，营销人员可以更精准地推送信息。因此，在利用微信公众平台时，首先要把内容做好，精耕细作。比如，将精力花在更好的文案策划和内容质量控制上，以便更精准地抓住用户的需求点。

（2）商家如何选择账号类型

两种账号类型，不同使用者可根据自身的需求情况来选择，具体可根据以下几点而定。

① 根据使用者的主体而定，如图3-9所示。如果是注册企业，可选择订阅号或服务号，或两者都选，如果是个体微商，只能选择订阅号。

图3-9 订阅号和服务号使用者的差异

② 根据产品性质而定。顾名思义，订阅号是以提供信息为主，服务号是以提供服务为主。如果经营的是有形产品，以向用户提供各类信息为主，最好选择前者；如果经营的是无形的服务，注重用户体验则最好选择后者。仍以大众点评网为例，如图3-10、图3-11所示。

③ 根据用户需求而定。服务号最大的优势是可申请自定义菜单，用户关注后会显示在对方的通讯录中。只要发送信息，用户就会收到，并获得系统即时提醒，发送的信息也会显示在用户的聊天列表中。

 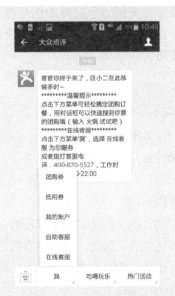

图3-10　大众点评网订阅号　　图3-11　大众点评服务号

订阅号则正好与服务号相反，不支持申请自定义菜单。用户关注后不会显示在对方的通讯录中，订阅信息显示在订阅列表中，系统不会即时提醒。它最大的优势是每天都可群发1条信息，这比服务号每月群发4条的信息量要大得多。

（3）设置自动回复功能

在微信公众平台上，粉丝不主动给后台发送信息，企业是无法主动联系到他们的。因此，为了与用户取得联系，必须采用类似"回复"的方式。

在微信公众平台上企业可以自主开发、设置自定义回复的内容，通过这个功能可以随时保持与用户的互动。比如，设置"1帮助、2查询、3服务"等自动回复模块，如回复1帮助就能得到关于帮助的信息，如回复2就可以得到关于查询的信息，这些都属于关键字回复，以特定格式来实现。

 知识小贴士

通过微信公众平台，企业可实现与特定群体的全方位沟通、互动，进行自媒体营销。如展示微官网、微社区、微推送、微支付、微活动、微报名、微分享、微名片等，从而形成一套相对稳固的线上线下互动营销模式。

3.8 微信小店——打造自己的网上店铺

微信小店是微信公众平台上2014年6月前后增加的一个功能,是基于微信公众平台的一种O2O运营。该功能开通后,即可将线下实体店接入线上,并运用小店中的多种功能,如产品管理功能、交易过程的管理功能、第三方服务功能、支付功能等进行相应的管理,从而完成整个销售流程。

微信小店为小卖家提供方便、快捷的使用方法,只要申请了账号,基本可以享受一键式操作,包括上货、推广、结算等。接下来重点了解一下各个功能的基本操作。

店主学堂

(1)产品管理

登陆微信公共平台,进入服务中心,即可看到"微信小店"入口,进入后可开始添加产品(第一次登录需要按照系统提示先开通)。

第一步:在"选择类目"中选择要发布的产品类别。

第二步:填写产品的基本信息,如名称、相关文字、图片等,同时也要对运费、库存、内容等详细描述。对于上传的产品可以进行分组,设置不同类别,同时也对产品进行动态管理,如对逾期产品进行下架处理。

第三步:货架是用于显示产品排列的模板,选择货架之后,就可以将产品分组添加上去。

第四步:发布。将设置好的货架复制链接,添加到自定义菜单中,所有产品即可在小店中显示出来。

(2)交易过程管理

交易过程管理包括订单管理和交易详情查询。前者是指用户下单、支付成功后,在微信小店后台会生成相应的订单,商家可以查询订单,并进行发货操作;后者是指商家在微信消费者端的交易详情中可查看微信支付成功、已发货等消息的通知。

(3)第三方服务

微信宗旨就是"连接一切",连接人、企业、物体。让它们组成有机的自运转系统,避免了构建分割的局部商业模式。微信连接一切的模式,瞄准的不仅是人，而是人和产品，这便是微信公众平台"微信小店"的理论基础。

微信小店将平台开放给第三方接入，像会员管理、货运系统管理、优惠活动等"进阶功能"，只能是依靠第三方开发来实现。与第三方一起打造人、物、服务的"生态系统"。这套原生的方案能够实现产品交易，有助于建造透明公正的商业体系，让系统在规则下运转，避免人为的干预。

（4）微信支付

微信小店是基于微信支付而运作的，因此商家必须先开通微信支付，否则无法使用。

微信支付，为微商完善购物服务提供了有力支撑。相对于第三方平台、网银转账等间接支付方式，微信支付更加方便、快捷。对于用户而言，有了微信支付，智能手机就成为了一个全能钱包，通过微信支付购买合作商家的产品及服务。进行微信支付时，只要打开微信支付界面，输入密码即可完成支付。

（5）广点通

广点通是基于腾讯大社交网络体系的效果广告平台。通过广点通，商家可在QQ空间、QQ消费者端、手机QQ空间、手机QQ等平台投放广告进行产品推广。

广点通的优势是大数据，广点通背后的大平台是8亿多的QQ活跃用户、6.26亿的QQ空间活跃用户，还包括开放平台、微信上几亿的用户。不光是用户多，用户的活跃度也非常高，日上传照片人数达到3.6亿，每天点赞来表达自己情感的人数也超过3亿。

移动互联网环境下，广点通可覆盖Android、IOS系统，广告形式包括Banner广告、插屏广告、开屏广告、应用墙、信息流广告等诸多种类。

 知识小贴士

目前微信小店的门槛还比较高，主要表现在两个方面：第一，它将业务锁定在服务号里，只有开通服务号的商家才有权限开通；第二，需要缴纳一定的押金。这样的限制对于一些个人商家来说暂时不适用。

第④章

电子会员卡：创建O2O新入口，一键锁定线上消费者

> 会员制是由组织或个人发起，并在一定的运作下吸引会员自愿加入的一种制度。目的是定期与消费者联系，并提供优惠的服务和利益。会员制营销，是通过与会员建立富有感情的关系，不断激发并提高消费者对店铺、对产品的忠诚度。

4.1 会员卡——实体店营销的最有力武器

现如今谁也离不开"卡",每个人或多或少地都是持卡一族,翻开钱包总可以看到各色各样的卡。有商场的购物卡,有俱乐部的健身卡,甚至一些名不见经传的服装店、理发店等的会员卡。这些卡也许是某次消费后店家赠送的,也许是通过交纳会员费购买的。对于消费者来说,办卡是为了获得更大的利益,因为消费者只要成为某家商场或店铺的会员,在消费时就可以得到一些优惠或者特别服务。

而对店铺来讲,为消费者办理会员卡则是一种营销方式,这些卡都是商家拉拢消费者,增加回头客的一种方式,各种各样的会员卡就像一张无形的网,将四面八方的消费者汇集在一起,通过相应的会员活动,使他们成为自己的忠诚消费者。

这就是所说的会员制营销,它已成为实体经营、打开市场的最有效途径。

> **案例分享1**
>
> 会员制最初由北京普生大药房推出,早在2003年10月该店就开始实施会员制。明文规定:消费者有权申请成为本店的会员。会员制推出后,由于可享受部分优惠,很多消费者都自愿办理了这项业务。正如一位患者说:"会员费是贵了些,但成为会员后买药品却可以享受低价优惠也是值得的,近百元的药只需七八十元。何况会员的资格是终身有效的,我觉得一点都不吃亏。"
>
> 北京普生大药房自推出了会员制后,与其他药房相比,药价的确有很大的优势,然而,这绝不是实施会员制的真正原因。至于为什么实行会员制?其负责人另有解释:"这是基于会员数据库、稳定消费者群的需要。"普生根据对多年经营的数据调查、研究发现,消费者量,尤其是回头客直接决定着一个企业的效益,回头客的大量流失是制约企业经济效益的主要原因。换句话说,就是供需之间出现了严重不平衡,为了实现供需之间的平衡,必须控制消费者量。而做到控制消费者量就必须全面了解消费者需求,迎合消费者需求,为消费者提供优于同类产品的

服务，需要多少进货多少，根据消费者的需求而定。

普生在实施会员制后，对消费者的需求已基本掌握，然后根据数据分析决定购进哪些药品以及进多少等，并提供相应的优惠服务，从而解决了消费者流失的现象，也大大提升了营销业绩。

由此可见，从卖方利益的角度来看，会员制是实体经营抢占新消费者资源，维系老消费者最稳固、最有效的手段。目前，很多实体店都开始实行会员制，无论是大型超市还是稍有规模的连锁店，各大商场等都实行了会员制，以会员的方式牢牢捆住消费者。

店主学堂

随着会员制的普及，会员卡已经成为消费者普遍接受的一种消费方式，那么，作为店铺的店主、经营者如何建立自己的会员体系，并有效地实施呢？

（1）了解什么是会员促销，以及会员制的特征

会员促销，是指卖家根据自身所提供的某项利益或服务，制订一定的规则，将直接消费者或潜在消费者紧紧捆绑在一起，形成一个整体，一个团队，并通过团队进行宣传、销售，以不断激发和提高他们的购买积极性，以及对产品、对团体忠诚度的一种促销方式。

然而，会员制的建立并不是将所有消费者聚集在一起那么简单，首先需要深入了解店铺会员制的特征。比如，会员入会资格的审查、会员内部结构的科学设置等，这些都是制约会员制是否有效的重要因素。会员制的四大特征见表4-1。

表4-1　会员制的四大特征

特征	内容
入审资格要限制	任何团体都有组织性和纪律性，新人加入必须符合一定的条件，具备一定的资格。店铺建立的会员制也是一种有组织、有纪律的团体，当要吸收新成员时，该人必须符合团体的要求。因此，在建立会员之前，应先设立会员条款，只有符合条款的消费者才能成为其中的一员
以消费者的消费目标为导向	会员制组织和消费者之间要有一个共同目的，比如，社交、宣传、促销、建立人脉关系等。所以，所建立会员制组织要以帮助消费者实现其目的为宗旨，时时刻刻以消费者的消费目的为前提条件

续表

特征	内容
各成员间具有不同程度的共同点	物以类聚、人以群分，不同的消费者之所以聚集在一起，就必定存在着某种关系。交易关系、合作关系或心理、情感关系，只有这层关系做基础，才能使这个团体有继续存在下去的可能
申请、退出自愿原则	从消费者的角度出发，对方是否愿意加入组织全靠他们自己做主。也就是说，会员制要建立在完全自愿平等的基础上，当消费者无意加入时不要强迫

（2）了解会员制的形式

会员制有很多形式，纵观各大实体店、连锁店面使用最多的方式有4种，按照使用频率高低分别如表4-2所列。

表4-2　会员制的形式

（1）普通会员制 只要一次性购买足额的产品便可申请成为会员，享受该店规定范围内的价格优惠、免费项目，无需交纳任何费用	（2）公司会员制 消费者以自己所在公司的名义成为某店会员。在该店团购、个人消费时，只要持有会员卡便可享受到一定的优惠价，或免费项目
（3）终身会员制 一次性缴纳一定数额的会费便成为会员，可长期享受一定幅度的价格优惠，并且定期获得该店的优惠、免费服务等	（4）内部信用卡会员制 申请成为某店的会员，并在购物时出示，便可享受分期付款的权利和现金免息优惠。这种形式一般适用于大型、高档连锁店

无论哪种形式的会员制，对于买家来讲，一旦成为某个商家的会员，他们就有这样的一个心理暗示：即在该卖家能够持续得到购买产品或享受服务的优惠。因此对于卖家来讲，必须持续地给予消费者更多的服务，赢得消费者的信赖。

消费者加入会员之后就意味着接受了成为忠实消费者的可能性，而使这种可能性变成现实需要商家持续不断地使消费者得到更多的价值、更优惠的服务。尤其是对那些优质会员消费者，仅仅得到更多的价格优惠还是远远不够的，还需要更多、更完善的服务。

总之，实体经营者要向目标消费者，或潜在消费者展示不同会员制的优势，吸收他们成为其中的一员，以及向会员提供优惠的、特殊的产品和服务。

如世界上著名跑车生产商保时捷公司，他们的会员可享受到的优惠非常多，包括提供的所有服务，如预订旅馆、租赁、餐厅、运动设施、航空以及道路紧急救援等。可见，既然成为会员，就应该让对方拥有比价格优惠更多的权利才有吸引力，比如，优先消费权、商业促销优惠和其他更有特色的额外服务等。

 知识小贴士

商家建立会员制的目的就是对已掌握的消费者资源进行有效的管理，从而获得相对固定的消费者群，增加持续消费性，实现更大的利润收入。而对消费者而言也是非常有利的，可享受到比非会员消费者更诱惑的条件，尤其是在服务方面，更容易获得消费者的心。

4.2 电子会员卡——实体店会员制互联网化的必然趋势

随着互联网、移动互联网技术的发展，实体店的会员制也正在发生着变化，呈现出电子化、虚拟化的发展态势。会员卡也逐渐由卡片式向电子式转变，所有的流程都可以在店铺的后台系统中完成。

如香港知名品牌店丽莎的会员制，完全是电子化一体式的操作。

案例分享2

2016年9月初，百佳超市正式在微信卡券中上线了超市会员卡。顾客利用微信支付就可以给会员卡充值，在结账时也只需向收银员出示电子会员卡就可完成会员身份识别、查询余额及自动积分等功能，非常便捷，提高了顾客消费体验，也大大缩短了排队等待的时间。

为了确保与腾讯微生活团队的顺利对接，超市还有针对性地提供相关的系列服务，以及开展后续相关作业流程。如实现旗下门店全Wi-Fi

覆盖，针对消费者购物习惯进行抽样调研，推出多样化的开卡送礼品、抽奖礼券等活动。

百佳超市作为香港地区最具规模的超市连锁集团，具有四十多年的历史，目前在香港、澳门和内地有250多家分店，是典型的传统企业。此次与腾讯微生活合作，上线微信会员卡，是传统商贸企业与移动互联商业服务未来可能会有更深入融合的力证。更好地将消费者体验落到了实处，创新了传统实体店的营销思路。

电子会员卡，又可称手机会员卡，是指把会员卡相关信息通过虚拟的方式，发送到会员手机上，或其他智能设备上。

会员持手机，或智能设备就能到线下实体店，或指定地点进行消费。通过后台身份验证，便可支付购买，并享受相应的优惠、服务等。

电子会员卡依靠其技术，发展了多种形式的卡，如彩信会员卡、身份证会员卡、微信会员卡、实物卡与二维码相结合的二维码会员卡等。同时，与普通会员卡不同的是成本低、易携带，不必交付高昂的年费，没有严格的时间限制。通常是免费办理，并可随时消费，享受低价优惠，获取赠品等，如图4-1所示。

图4-1　某餐饮店的电子会员卡

目前，已经有越来越多的企业、机构将电子会员卡作为主导性的促销策略。包括一些美容院、健身房、体育俱乐部、读者俱乐部、特色品专卖店，专门为居民提供送货上门服务的商店或营业场、网吧、体育用品商店、音乐人商店、汽车养护店等。这些机构不仅在产品和服务的价格上给消费者优惠，而且使用各种可能的方式让消费者获得更多的价值（比如亲切的服务、自由发挥的空间、良好的消费环境等），以增强他们的忠诚度，最终为自身带来持续发展的可能性。

实施电子会员卡管理必须依赖于一个电子管理系统，通过电子管理系统对会员信息进行整理、分析，以便更好地了解会员的兴趣爱好、消费特点、意向需求等；同时也可以在充分了解的基础上，针对特定需求提供线上服务。

店主学堂

电子管理系统是实体店开展电子会员制必须建立的一个工具，那么，如何建立电子管理系统呢？抛开技术层面不谈，可以按照以下3个步骤去做。

（1）会员信息电子化处理

① 录入信息　每当有新会员加入，及时录入会员信息。具体为：打开店铺收银系统后台，点击"会员管理"→"会员录入"→"新增会员卡"选项，出现"新增会员卡"窗口，如图4-2所示。在窗口内输入会员卡卡号、会员姓名，设置卡类型和会员卡有效日期。

图4-2　"新增会员卡"窗口

② 设置会员卡类型　点击右侧"会员卡类型设置"框下方的"增加"按钮，即可在此窗口内编辑会员卡卡号、卡类型、享受折扣率，如图4-3所示（提示：编号具有唯一性，因此录入后不可修改）。

图4-3　会员卡类型设置

③ 积分折扣策略设置　设置积分范围，输入积分数值范围，再设置对应折扣率，点击保存。积分值范围为200～400，以及这个范围内的折扣率的设置示例，如图4-4所示。

图4-4　会员折扣设置

（2）将消费者信息与服务平台相连

建立消费者信息数据库之后，接下来最重要的一步是要把这些数据与店铺的服务平台相连接，以保证消费者信息能及时、准确地反映给店铺管理人员、一线服务人员等。比如，消费者的消费爱好、消费积分、赠送礼品等都能自动存入系统。

当系统感知到会员线上消费之后，就能启动相应的程序为该消费者服务。比如，消费积分记录，享受与线下相对应的优惠；为消费者指定特的优惠产品、服务人员等。

江边城外烤全鱼是一家餐饮店，凭借着一张电子会员卡，红遍北京、上海等城市。消费者因为办卡方便、易携带，省去了带实体会员卡的麻烦，还可以得到会员所属的特殊权益，诸如"会员折扣""会员免费送""会员累积消费送礼"等各种优惠。江边城外烤全鱼入驻上海短短四个半月内，其会员数就突破9万人，这些会员平均每天为"江边城外"单店带来33桌客人，每桌消费200元以上，每个月这些会员为"江边城外"单店带来99万元流水。在大众点评上，江边城外烤全鱼商户页面的用户流量翻了一番。

（3）建立在线兑换、免费送货、手机支付等平台

完善的会员管理系统还包括支付平台的建设，随着网购的愈发普及，店铺也要适应趋势，将线下消费、积分、赠送、兑换等搬到网上。一来可以降低运营成本，二来也可以提高消费者购物的便捷性。

线上购物必然会涉及第三方支付，这也是会员制消费者管理系统建设中重要的一部分。在第三方支付中运营能力较强的有银联、支付宝、财付通、盛付通。比如，支付宝旗下的积分品牌集分宝，可以捆绑支付宝收银台做支付；腾讯旗下的积分品牌彩贝，可以通过财付通支付和兑换腾讯增值业务。而且这几家公司都在做积分，消费者通过消费可以获取积分，卖家可以利用积分进行相应的促销活动。

苏宁电器在全国各地各大店铺为了给消费者提供更便利的服务，先后与交通银行、VISA国际组织联名打造了苏宁联名卡，经常偕同众联盟卖家推出相应的优惠产品、消费优惠券以及针对会员组织美容、美体、养生讲座等线上活动，将会员服务体现得淋漓尽致，也使苏宁电器的会员营销模式及其快捷方便的支付服务得到体现。

知识小贴士

电子会员制是传统会员制互联网化的产物，是实体店为了构建O2O营销体系，争夺线上消费者资源而必须采取的一种策略。但绝大多数实体店做得并不好，仅仅停留在将其作为辅助性促销手段的层面上，而没有真正建立起一套完善的电子会员制，成为开展营销工作的主导。

4.3 电子会员卡特点一：便捷性

电子会员卡适用于线上、线下同时使用，最大的优势就是其便捷性，尤其是在操作上，无论对商家还是对消费者程序都得到了极大的简化。对于商家而言基本上就是一键式操作，对于消费者而言只需保存在手机，或智能设备上即可，使用时随时可以调出来。

> **案例分享3**
>
> 2015年中秋期间，金凤成祥借助微信微生活平台的功能，向粉丝销售微信月饼券，购买微信月饼券的会员可直接在微信上将月饼券转赠给好友，好友可以凭借该券到附近门店领取月饼。金凤成祥微信会员卡如图4-5所示。

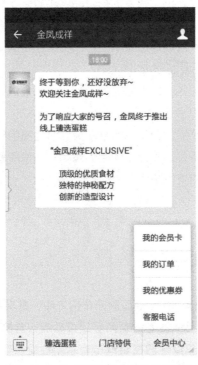

图4-5　金凤成祥微信会员卡注册界面

具体步骤为：

① 金凤成祥在自己的公众号中设置了自定义菜单，会员从中可以选择立即购买"月饼券"。

② 然后用户进入相应界面，选择微信支付购买。

③ 购买后可以将券转赠给微信好友（这是此活动的最大亮点）。

④ 好友收到转赠信息后，需要关注公众号才能领取礼券。

此次促销活动也为金凤成祥带来了不菲的收入，整个中秋节期间的利润近200万元。

我们平时常说，去"逛书店""逛商场"，一个"逛"字充分凸显出普通消费者的消费特征是目标不够明确，更注重购物的便捷性和产品的物美价廉。电子会员卡正是迎合了这群消费者的消费特点。

店主学堂

电子会员卡是基于网络平台延伸出来的一个虚拟产品，是专注生活电子商务与O2O的最新产品，其主要特点就是方便快捷，消费有优惠。

在使用方法上也是操作简单，用户只要扫一下商家的二维码，下载App就可以成为该会员。注册信息成为会员后，每次消费时只要出示一下手机即可完成购买，享受价格折扣、免费赠品或其他优惠等。

电子会员购物的一般流程，大致如图4-6所示。

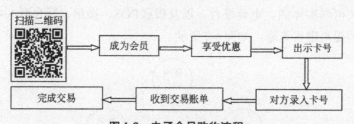

图4-6 电子会员购物流程

微信会员卡使产品的宣传向更深、更广的方向发展，使商家与消费者的距离进一步接近。目前，在北京、上海、深圳、广州、成都等城市很多企业都支持这一业务。同时涉及多个行业，商城、影院、酒店、餐饮、休闲娱乐等生活服务类正在全面铺开。

电子会员卡的性价比非常高，以更优惠的价格、更高的品质保证来吸引消费者，可以将成本降到最低，从而强化了其"薄利多销"的印象，对会员产生强烈的激励作用，促使大多数人竞相加入，壮大消费者队伍。

知识小贴士

电子会员卡在对消费者群体有特定要求的同时，对产品也是有要求的，通常只适用于那些产品线窄而浅、品质高、价格低、使用较强的高科技产品、生活用品、食品及为会员开发的自有品牌产品等。

4.4 电子会员卡特点二：提升服务质量

电子会员卡与传统会员卡相比，另一个优势是实现对会员系统化、多元化的管理。如某产品有自己对应的条码，系统自带条码库，消费者在结账的时候只需对化妆品上的条码扫一下，即可加入收银账单。然而对于商家而言，这不仅是个结账的过程，还是个全面了解消费者信息的过程，因为就在扫码的那一瞬间，该消费者的健康信息已被记录成电子档案存入系统中。如会员的身体情况，包括肤质情况、喜欢的品牌、过敏产品等。掌握了这些信息就可以第一时间掌握顾客的准确情况，提高服务质量，提高消费者满意度。

电子会员卡在传统的会员卡基础上进行了革命性的提升，依靠强大的技术支撑，可与实体店、电商平台，以及银联POS、微信、后台呼叫中心等相连，全面提高销售策略，如图4-7所示。

图4-7 电子会员卡的功能

同时，电子会员卡还可更好地整合硬件、软件及服务，形成全面的、完善的解决方案，为实体店经营者提供更精准、更有针对性的会员服务。

> **案例分享 4**
>
> 会员卡，绝大部分化妆品店都会有，然而，统计显示只有30%左右的被消费者认可，足见会员卡制实施的难度。屈臣氏会员卡是化妆品行业的佼佼者，它之所以能成为化妆品零售市场上的标杆，很重要的一个原因就是它们独特的运营和管理机制。
>
> 首先，屈臣氏的会员营销十分具有针对性，会员大多为18～35岁的年轻女性，并准确推荐护理产品。为什么要圈定这一最具消费力的群体？那是在对市场充分调研、了解的基础上，并通过对目标市场的细分，精心推算得出来的。然后，再制订科学的营销方案，迎合消费者的习惯和喜好，从产品组合、促销支持以及跨品牌合作等多个方面满足会员的个性化需求。
>
> 屈臣氏会员营销的每个过程、每一步都经过严格的分析与测试，让每一位屈臣氏会员感受到宾至如归的购物体验，牢牢拴住顾客的心。
>
> 其次，有独特会员促销活动，与简单的、千篇一律的生日礼物、积分抽奖、优惠打折等活动不同，屈臣氏针对客户类型进行创新性的活动设计，如根据不同季节、假日，推出如旅行、节日礼品、居家休闲等方面的优惠信息；与快餐、美容美发、旅游景点等其他品牌合作，提供第三方商家的优惠信息。总之，通过别出心裁的优惠活动，为会员们提供了一个与生活各方面息息相关的优惠信息平台。

电子会员卡实现了实体店管理的电子化、一体化，不仅实现了高效的线上服务，如客户的预订、消费、结账，以及其他全程消费。同时还可以通过后台数据，对客户消费行为进行分析、定位，以便做到更精准的营销，提高服务质量，提升服务体验。

电子会员卡不仅能帮助实体店实现多功能的客户管理，更重要的是可以与消费者进行互动，通过绑定会员的微信、手机号等，进一步获取其信息，以定期推送最新的产品信息、优惠活动等。

可见，电子会员卡在促使线上线下O2O营销体系的形成上具有重要作用。但如果只是简单地认为，消费者将会员卡塞进钱包就是成功了，那就大错特错了。会员的加入只是个开始，要让会员投身进来，主动消费才是关键。要做到这一点，就需要我们在营销中有全面科学、独特新颖的会员体系，并将会员营销纳入到企业的整体营销战略中。

店主学堂

那么，如何来发展高端的电子会员卡服务呢？可从以下3个方面入手。

（1）提炼新的产品卖点

对于消费者来讲，最核心的吸引力仍是服务质量和隐形价值，只不过对于不同的消费者来讲，价值的体现要有所不同。比如，同样一款女式包，对于普通大众来讲，具有存放东西的功能就足够了，而对于名人、商界政要等消费者来讲，除此之外，还要能体现出品位、地位等价值。因此，商家需要在这款女式包上提炼出品位、地位等新卖点。

因此，对于高端会员，需要对所销售的产品根据其个性、特点、卖点，细化市场锁定消费者。同时，还要有针对性地进行营销工作，妥善策划，执行到位，必可产生奇迹。

（2）着眼提高享有的服务

对于高端人群，提供最好的服务将成为首要考虑的要素，这也是吸引和保障客源的重中之重。而不要像对普通会员那样，仍用价格优惠来吸引对方，在价格上进行比拼。当决定发展高端会员时，就要有为其提供更好的服务的能力，不可轻举妄动，否则，当打出了高端会员的牌子，相应的服务跟不上，反而会自毁声誉。

（3）宣传引导

高端会员的消费理念总会或多或少地关注产品以外的东西，比如，该产品背后的品牌文化、人生理念等。因此，除了强化产品本身以外，还要加强文化的软着陆。比如，以名人活动效应等进行宣传，进行差异化的营销、促销等，目的是为了达到消费者体验参与感的满足欲望，也可为后期的会员办卡起到宣传和促进作用。

知识小贴士

高端会员，是会员中一种特殊的形式。由于其是商家赚取利益和声誉的主要对象，也因此往往是商家最为关注的群体。但在会员的设置上要注意，结合自己所销售的产品、店铺的实际情况进行，使硬件和软件同时符合更高的消费者需求。

4.5 建立以需求为基础的电子会员卡制度

电子会员制作为一种连接线上线下的O2O模式新入口，其重要性不可忽视。而在运用这个模式时需要以消费者需求为基础。消费者需求是随着市场而不断变化的，因此，会员制也需要根据市场需求进行相应的创新。目前，仍有不少商家在会员制度上使用一种静态的管理，比如，只是根据消费者的年龄、收入、婚姻状态等去分析，这往往会存在很多局限性。由于这些都是静态的，在市场变化和消费者需求的挖掘上还是少了点力度。

所以商家需要不断创新，来建立一个多层次、同时适合各个群体的会员制度。

> **案例分享5**
>
> 作为亚洲及日本第一大的零售商——永旺集团在中国市场始终稳健发展。由于选址精准、注重成本控制，再加上特色的会员制度，十几年来在不同的城市开辟了8家分店，培养了一大批的忠实消费者，永旺集团每年超过50%的利润来自中国市场上。
>
> 2008年，广东吉之岛分店首先开始尝试实行会员卡制度，按照消费级别分为金卡、银卡和普卡三类会员，试用期一年后会员发展到了10万多人。
>
> 这一庞大的数字是吉之岛当初没有想到的，会员卡最初的推行是希望增强消费者对吉之岛的认可度，同时，可以通过积分换购产品，并可以参加一些优惠活动。为了进一步吸引消费者成为会员，2009年，吉之岛开始对会员制进行改革。首先就对忠诚的会员进行升级，规定年消费达到2.4万元以上的会员，自动升级为金卡会员，而1.2万～2.4万元之间的消费者为银卡会员，1.2万元以下的为普卡会员。
>
> 同时，从会员数据中挖掘出更大的价值，根据消费者的消费金额、消费频率进行动态分析，提出RFM模型建立了新的消费者关系，以便提供优质的产品和服务。

随着会员制的普及，消费者对这一方式的要求越来越高，即使出现了简单便捷的电子会员卡，但由于运作模式过于雷同，也无法体验到多样化、个性化的服务。因此，对于商家而言，仅仅靠那些简单的、单一的会员制已经无法满足新形势的发展需求，而需要从制度本身出发，在现有的基础上善于创新，尤其对内在的提升，让消费者在购物的同时，还有一种满足感、幸福感。

店主学堂

提升消费者的内心需求最好的方法是运用一些心理学。美国著名的心理学家马斯洛曾对人的需求层次做过研究，他认为人的需求就像阶梯一样是有层次的，从低到高分为生理需求、安全需求、社交需求、尊重需求和自我实现需求五种。

根据这种需求原理可以得出这样一个结果——对会员划分等级，以满足不同心理状态下的消费者需求。比如，A级会员、B级会员、C级会员；一级会员、二级会员、三级会员、特级会员等。通过"会员积分"计量消费者对店铺的贡献，等级越高表示贡献越大。同时，对会员等级进行动态管理，当会员积分积累到符合店铺会员制度定义的积分指标时，可修改为相应的会员等级。

（1）制订会员的晋升制度

会员制形成一个以价值和会员量为轴心的金字塔状，一般来讲消费金额越高，级别越高。但这并不意味着只重视高级会员，而对中低级会员不管不顾，或者盲目吸收高级会员。正确的做法是制订合理的会员晋升制，培养中低级别的会员，使其向高端会员转化。

会员的晋升模式如图4-8所示。

图4-8 会员制的金字塔理论

（2）划分不同等级会员优惠标准

① 三级会员　购买积分：按购买金额的1%积分。推荐积分（固定积分＋比例积分）：每推荐一次积1分；如推荐产生购买，按当次产生购买金额的1%积分。参与积分：每参与一次活动积1分。

② 二级会员　购买积分：按购买金额的3%积分。推荐积分（固定积分＋比例积分）：每推荐一次积2分；如推荐产生购买，按当次产生购买金额的2%积分。参与积分：每参与一次活动积1分。

③ 一级会员　购买积分：按购买金额的6%积分。推荐积分（固定积分＋比例积分）：每推荐一次积5分；如推荐产生购买，按当次产生购买金额的3%积分。参与积分：每参与一次活动积2分。

④ 特级会员　购买积分：按购买金额的10%积分。推荐积分（固定积分＋比例积分）：每推荐一次积10分；如推荐产生购买，按当次产生购买金额的5%积分。参与积分：每参与一次活动积3分。

（3）不同等级会员的角色定位

不同等级的会员在店铺经营中扮演的角色不同，因此对其定位、管理目的和方法都应该有所差异。为了实现对会员的更有效管理，必须实行差异化对待。不同等级会员的管理见表4-3。

表4-3　不同等级会员的管理

会员等级	消费者关系	营销任务	营销工具
铜卡会员	建立关系	开发新会员	广告宣传、老消费者介绍
银卡会员	创造认知	维护消费者关系	电话、贺卡、邮件等定期问候
金卡会员	维护关系	提高会员购买力	定期跟踪，有针对性的服务
VIP会员	战略合作关系	提升店铺影响力	定期跟踪，个性化服务

（4）会员制度常见的积分项

会员制度的积分项是认定消费者的哪些行为对店铺是有价值的。通常包括：会员购买、会员推荐他人购买、会员体验交流、会员对店铺的认同等。

购买是必选项，一般情况下只有购买才具备成为会员资格。积分制度用数字（会员积分）量化会员的价值，方便店铺以货币形式表述会员价值，使会员购买、会员推荐别人购买等价值项有机统一。

（5）会员价值量化方法

① 根据购买量　以每次购买量和累计购买为量化基础，这种量化形式通常采用比例的形式。即每购买 X 数量（金额）的产品积 Y 积分，购买越多，积分越多。有时候，比例量化在实践中存在若干变形，常用的是积分比例随当前已有积分变化，一般已有积分越多，积分比例越高。

② 根据推荐量　以推荐次数或推荐所达成的销售作为积分参数。常见的量化方法有两种：固定积分和比例积分。固定积分以推荐次数作为积分参数，比例积分以推荐所达成的销售作为积分参数。也有采用"固定积分+比例积分"的量化方法。

③ 根据积分方式　如打折、充值返现等，这些统称为参与积分，一般没有明确的标准，以当时的活动为准，参与的量化一般以参与次数、参与性质作为积分参数。

知识小贴士

会员的设置本身就是为了迎合需求多样化的发展趋势。消费者的需求在发展，会员形态也要相应的变化，所以实体店经营者在对其进行管理时要实行动态化管理，制订不同的会员标准，提高会员待遇，以持续地给予消费者更多的价值，从而赢得消费者有持续购买的这种思维方式。

4.6　只有不断创新，才能永久生存

会员制销售本质是为了强化消费者的忠诚度，这也是很多商家争取回头客的法宝。即要让消费者感到，正是由于有会员资格才能获得更多的利益。同时，也只有不断地获得利益，会员才乐于继续购买。但作为一个实体店经营者如果不对会员制进行升级，不推出更具吸引力和诱惑力的利益，那么就很容易被竞争者所模仿，甚至被对方超越。

如果真有这么一天，会员制也就不再是培养消费者忠诚度的法宝，而成为一种束缚。明确了这一点，也不难理解有些店铺为什么虽然实行了会员制，却并没有赢得消费者忠诚的原因。

任何一个会员策略都无法持续地吸引消费者、引导消费者，所以需要对策略进行不断地改进和创新。

国美电器曾经历了这样一个过程：

案例分享6

互联网时代的到来，使家电企业营销模式发生了深刻的变革。国美作为家电企业的领航者首先进行革新，从传统的销售产品向根据消费者个性化需求提供差异化专属方案转变。

最重要的转变就是会员细分模型系统SAP CRM（消费者关系管理❶）的引进。据统计，国美线上线下会员已超过1亿。国美在整合线上线下过亿会员数据的基础上，推出了会员细分模型系统SAP CRM，希望利用大数据评估体系从多个维度分析会员购物需求，以便能够提供多样化的解决方案。

国美依托强大的SAP CRM系统，以消费时间、消费品牌、消费频次、消费金额等多维度数据分析会员的购买周期，对不同档次的会员进行价值评分，区分不同需求的会员群体，识别潜在消费者群体，从而制订出了更适合不同会员的专属差异化方案，最大限度地满足不同消费者的不同需求。

自会员细分模型系统实施以来，国美根据会员不同需求导向，结合业务体系开展了多场定向的营销活动，并初步取得了成功。

正如多次参加国美营销活动的会员宋女士所说："我几年前在国美买的空调，没想到至今他们仍会打来电话询问使用情况，并且提供了免费上门清洗服务和很多家电保养常识。"

老会员杨先生也有这样的感受："家里的家电使用时间太久了，只是没大毛病不忍心换掉。国美在回访过程中主动向我介绍了同样品牌，

---

❶ 消费者关系管理（SAP CRM）：是完整的、以消费者为中心的、电子商务解决方案。这项解决方案旨在为消费者提供满意、忠诚的服务。既能帮助您解决迫在眉睫的问题（即降低成本和提高决策能力），又能帮助您的公司实现差异化，提高竞争优势，带来更高利润。

新零售：
实体店O2O营销与运营实战

> 且功能更加强大、外观更加时尚的家电。同时还可以参加以旧换新活动，会员还享受多倍积分，这样贴心的服务很让人感动。"

国美通过对消费者的消费数据分析，推出了会员细分模型系统，把繁杂的消费数据转化为营销利器的有效"助推器"，为消费者推送个人定制式产品解决方案。正是凭借着不断提高会员的服务质量，不仅实现了与消费者深度交互，为消费者提供超出想象的购物体验，更树立了企业形象，增强了企业竞争力。

店主学堂

实体店经营者如何对会员进行深挖掘，改善会员所获利益和服务质量呢？一般来讲，可以通过以下4个维度入手。

（1）从价格维度来看

会员制销售模式在价格上是比较占优势的，所以，从价格上寻求创新也是一个非常重要的方式。一般来讲，实行会员制有两种方式，要么是一次性折扣，要么是"累计奖励"。通过折扣、让利或增加服务来给予不同价值的消费者以不同的待遇，引导消费者持续购买。

值得注意的是，这两种模式也容易出现问题：一是店铺必须准确地计算出利润与成本之间的关系，以保证销售与成本之间的平衡。二是，当店铺经济效益已经不足以抵消采取这一策略而导致的利润损失和成本增加时，就应该停止在价格上做文章，而是要寻求其他途径来确保自身的赢利。比如，下面提到的增加产品的类型、进行营销组合、优化渠道等。

（2）从产品维度来看

会员制在保留原有消费者的基础上，促进他们持续购买，实现这一目的第一大前提就是产品本身要符合消费者需求。否则，会员制也很难留住消费者，或者会员是些无效消费者。

如果产品不能满足消费者的需求，在促销环节无论给予怎样的优惠和折扣，都很难令对方动心。比如，你销售的是笔记本电脑，硬件配置不够先进，或经常出问题，那么采取会员制销售也是无济于事的。

另外一点店铺的产品要具有多样性，仍以笔记本电脑为例，如果只提供一个或两个款式，那么消费者也只能购买一次，在相当长的时间里不会再有需求。所以，一个店铺在产品上要追求多样化，多为消费者提供几个品种或与之配套的相关产品，为会员能够多次消费提供条件。

（3）从营销策略维度来看

当会员制无法在价格、产品种类上寻求简单的突破时，就应该朝纵向发展，在营销策略、营销技巧上多下工夫。如前所述，在激烈的竞争中，由于会员制销售并不能维持消费者忠诚，因此，很多实体店已经或正在对会员制加以改革和创新。

比如，有的开始对会员制的优惠措施以分阶段使用，尽管会员制引导的购买高潮通常在第一阶段，优惠幅度也是第一次最大，而后逐步减小。但实践证明会员制真正成为一种主导性的策略，或被大众广泛关注的则是后面几个阶段，因此，在优惠幅度的设置上可以倒过来实施，先小后大。

即假如把某个促销活动划分为四个阶段，那么在首次优惠时并不会全面放开，一般只要做简单的促销，以此来吸引消费者前来主动消费。在第二次、第三次、第四次就要采取更加实惠、更加有诱惑力的方式来刺激消费者。

如果说前几次都是店铺自己在"表演"，消费者只是"观众"，那么在后阶段将是店铺与消费者的同台"表演"，同台表演更容易增强消费者的切身感受。

（4）从渠道维度来看

会员制销售也可以通过优化"渠道"来抓住消费者的心，特别是对会员制销售的生产商来说。强调消费者忠诚的会员制销售，在许多店铺是作为一种促销策略来运用的，促销就必须有良好的渠道，渠道越通畅越容易取得消费者的满意。

比如，在互联网发展的形势下，苏宁、国美、美的等传统的商家都已开始向电商方向转型。以往靠连锁直供的渠道已经行不通，在这种情况下不得不开辟网络营销渠道，建立线上线下综合性的渠道模式。

与单一型渠道模式相比，综合型的渠道将具有很多优势：一是规避了单一型渠道模式的风险，销路单一则不容易打开和拓展市场，容易丢失大量消费者；二是通过直营零售制，增加了直控网点数，增强了渠道的控制力，有助于执行公司的营销策略，这种扁平化营销渠道加快了店铺对市场的反应速度。

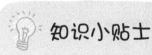

会员制营销是一种消费者管理模式,是为了维系与消费者的长期买卖关系而发展出的一种营销模式。而消费者关系是不断变化发展的,因此,会员制模式也需要与时俱进,积极反映、适应和满足消费者关系变化的需求。

第 5 章

O2O 营销之线上促销策略：以小利养常客，让货卖得更旺

价格策略在任何营销模式中都是最重要的策略之一，直接决定着营销活动的实施。优秀的价格策略很容易赢得消费者的关注，如免费策略、低价策略、降价策略、捆绑销售……都是最常用的方式。但是如何让这些策略有效实施，成了 O2O 营销体系建设中首先要解决的问题，也是实体店在追寻线上营销后最主要的内容之一，更是实现良好经济效益的保证。

5.1 免费策略——免费带出的间接"利润"

互联网、移动互联网开启了一个免费时代,如今在网上买什么都流行"免费"——免费试用、免费体验、免费空间、免费网盘、免费杀毒、免费代理等。其实,大多数消费者也知道,这只不过是卖家的噱头,他们真正想要的是"免费"暗含的巨大利润。尽管如此,但不得不承认这对大多数消费者还是有足够吸引力的,毕竟仍有不少消费者钟情于享受免费产品或服务带来的心理满足感。

免费,对消费者来说可免费得到额外的产品或服务,而对提供产品或服务的卖家来讲意义更大。纵观整个市场,善于打"免费"牌的企业都非常成功,如奇虎360。

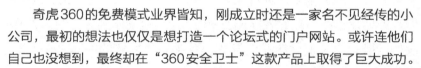

> **案例分享1**
>
> 奇虎360的免费模式业界皆知,刚成立时还是一家名不见经传的小公司,最初的想法也仅仅是想打造一个论坛式的门户网站。或许连他们自己也没想到,最终却在"360安全卫士"这款产品上取得了巨大成功。
>
> "360安全卫士"是奇虎360于2004年推出的一款产品,后经一番推广成为该公司的主打业务。推广首日市值便超过了搜狐、盛大等老牌"劲旅",几乎就在一夜之间,所有的人都认识了奇虎360和它的360安全卫士。
>
> 那么,360安全卫士成功的秘诀在哪儿呢?即其推出的免费下载使用。曾有一段时期,360安全卫士在央视大量投放广告,目的只有一个,让更多的人知道我是免费的,永久免费的。可能有人会问,既然是免费那么如何盈利呢?其实这是奇虎360的一个发展策略,以免费带动收费,靠免费积累用户量,用户量有了利润自然就有了。
>
> 可见,奇虎360实际上是通过"免费"来抢占市场,因为免费的安全卫士,使整个360公司都出名了,在大众心目中树立起了良好的形象。然后,再大力打造和推广360浏览器、360杀毒软件等系列产品。在2016年6月,又推出360智能手机,成为继小米、百度、阿里巴巴、

盛大之后又一家进军手机领域的互联网企业。

据悉,360花了5年时间来培育免费市场,在消费者头脑中打造"免费"的概念,为后期的稳健发展奠定了基础。据相关数据显示,2010年奇虎360的总收入高达5770万美元,其中近七成收入来自广告,总用户量近4亿人;发展到2017年(至2016年4季度),公司市值达到99.18亿美元,总用户量超过8亿人,月度活跃用户总数超过5亿人。

有人说,奇虎360取得如此骄人的成绩得益于"独一无二"的免费营销模式,现在绝大部分用户用360软件都是免费使用。免费,是打开用户这扇门的钥匙,多年来,杀毒软件市场被金山、瑞星、诺顿等牢牢占据着,试想一下如果不是免费,哪有后来者360什么事儿。就像当年的淘宝利用"免费"利器打败eBay一样,360如同"鲶鱼",在杀毒软件市场杀出了一条血路,后来者居上。

从商业利益的角度来讲,免费不是真正的零费用,"零价格、零费用"只是一个噱头,通过免费往往可以带来更大的利润。现在很多大企业都在用这种策略,谷歌、百度对广大普通用户是完全免费的,事实上却在依靠广告联盟收取巨额广告费。在淘宝上,消费者都有机会免费试用,免费领取很多产品。同时,淘宝也向部分商家免费,三钻以下是免租金的,当信誉度超过三钻以后每月需交纳不定额的租金,价格不等,价格越高盈利空间越大。

店主学堂

免费作为一种促销方式,不是最终目的,而是通过"免费"来间接获取更大的利润。作为实体店经营者也要学会利用"免费"策略为自己的产品做宣传,扩大在消费者心中的影响力,常见的免费模式有以下4种。

(1)先免费后付费

哲人说,世界上不是缺乏美,而是缺少发现美的眼光。同样,在产品日益发达的市场上缺的不是产品,而是发现它的眼光。对于经营者来讲,谁能最大限度地网罗到消费者,就意味着谁能够赚得更多的财富。

吸引消费者眼球最直接、最有效的方式就是免费,利用免费先将品牌影响力打造出来，吸引大量消费者的关注。而消费者在使用免费产品或服务的同时，也充当了宣传者、传递者的角色，最终促进了产品、服务的销售。

（2）部分免费

这种策略仅限于配套产品，通过副产品"免费"带动主产品的收费销售。很多时候，购买一个配套产品时，除了花钱购买主产品外，还需要花费额外的费用购买配套产品。比如，买手机时可能还需要手机号，买儿童生活用品可能还需要玩具，这样就可以使用部分免费策略，通过免费赠送搭配品的方式如免费送手机号、玩具等，带动主产品的销售，也可以很好地提升主产品的额外价值。

苹果公司在推出iPod MP3时就使用了副产品免费策略，通过免费提供上万首歌曲、音乐下载来促进iPod MP3的销售。这种由副产品免费带动主产品销售的策略非常成功，结果使iPod MP3全球热卖。其实，iPod MP3昂贵的价格早已使其提供免费音乐的成本忽略不计了。

（3）伪免费

这是一种类似分期付款和贷款的方式，比如，高档手机、笔记本电脑等就可以通过信用担保、零利息、分期付款的方式购买。

不用付费就可以马上拿到心仪的产品，在我国已经很普遍。由于是分期付款，每次还的款都不是很高，压力也不大，所以也受到很多消费者欢迎。如京东、唯品会等购物平台推出的零利息分期付款，淘宝推出的蚂蚁花呗等都是为了刺激消费者消费，对于一些价格昂贵的产品不可谓不是一个好方法。

（4）对部分消费者进行免费

这种模式只是针对特定的消费者，如会员，通过特定人群带动整体消费。现在有很多娱乐场所采取的是这种策略，一对情侣光顾电影院，影院只对女性免门票或优惠，这样不但吸引了这位女性消费者，同时也吸引了陪同女消费者的男性消费者；游乐园对儿童免门票，不仅吸引了儿童，更多的是吸引了带着儿童的父母、老人等。

关键是要设计出一套恰当的模式——既要能吸引免费的消费者，同时也要能以此为突破口，促使免费消费者带动他人消费或进行其他消费。同时要注意避免方式单一、方法僵硬，因为这会使消费者产生上当受骗的感觉。

知识小贴士

免费策略，可以提高新产品的入市程度，获得提升知名度、市场信息等的机会，甚至还会获得很多间接收益。这种促销方式最适合新品推销，对于成熟的产品来讲则能起到抛砖引玉的作用。所以，实体店经营者必须学会从免费到收费，并在提供免费的同时就要想好如何赚到更高的费用。

5.2 折扣策略——给消费者变相的"优惠"

折扣是提高销量、增加人气惯用的一种促销策略，也是最简单、实用的方法。经常看到很多实体店会打出"跳楼价""出血价""甩卖价""空降价"的广告，这些方式对消费者的吸引力尽管已经非常小，但至少表明折扣促销的运用无处不在。

为了带动销售，每个实体店几乎都会无一例外地用到打折促销法，但现在由于受到电商、微商、线上产品的冲击，实体店经营成本越来越高，折扣的空间越来越小，很多商家是有心无力，即使打折后也很难令消费者满意。

那么，对于实体经营者来讲如何突出这一点呢？最主要的还是打通线上渠道，线上有很多低成本资源，可使折扣不再是影响产品销售的重要问题。

案例分享2

苏宁是中国零售业最大的实体企业之一，一直占据着巨大的市场份额。这也是苏宁能够在竞争异常激烈的市场斗争中稳健发展的主要原因。然而，2008年对于所有家电行业来说是非常困难的时期。随着电子商务的发展，实体经营受到严重冲击，家电企业需要应用互联网来适应新的市场形势，实现转型与革新，以把握市场新机会。

苏宁很快就意识到了这个问题，积极布局电子商务业务。先后与中国电信集团互联星空网站、京东合作，拥有了自己的电商平台，又与招商银行、新浪网合作打造网上支付平台，大力建设网上商城，从而构建

> 了自己的线上线下O2O营销体系。
>
> 通过打造自己的线上商城，苏宁拥有了自身的优势，他们的连锁店现在是遍地开花，当实体连锁化后，网上商城的体系也就自然而然形成了。由于网上店铺没有实体店的店面租金、水电、人员工资等成本，其价格均优惠至少5%左右。所以在网上购买苏宁同等款的家电产品，与实体门店相比优惠不少。
>
> 苏宁开展线上营销后为实体经营带来了巨大的改变，最大的改变就是企业电子商务化速度加快，线下的产品线也得以延伸和拓展，产品价格进一步降低。

随着电子商务在中国发展进程的加速，网络营销在实体店中的定位势必会更加重要。传统的实体经营越早涉足网络营销越有利，尤其是在价格上的优势，对消费者是一种非常大的触动。

线上销售为什么能有如此大的价格优势呢？这与线上销售的低成本有关。互联网直接连接了产品从生产到消费的环节，很多产品可以与厂家直接合作，在厂家那儿以更低的价格提货，而不必经过中间的批发、二次渠道等，中间环节大幅减少，大大降低了经营成本，也是产品价格降低的主要影响因素。

线上经营还可以降低人工成本，传统实体店的管理工作需要很多人员来运作，不同的岗位需要不同的人员。而在线上，可依靠互联网或卖货平台来完成，很多工作安排一人或几人来完成就足够了，这就使人员成本大大降低，很大程度上也促使产品有了降价空间。

线上大量的低廉资源为"折扣"促销提供了便利条件，因此，实体店电子化应该充分利用线上的资源，凸显出产品的价格优势，在价格上多给予优惠，以吸引更多的消费者。

折扣促销法，一方面可刺激消费者的购买欲望，另一方面可迅速抢占市场份额。值得注意的是，折扣在具体的实操中需要掌握很多技巧，并不是大众头脑中想象的那样实打实地给予优惠。但绝大多数人由于没有掌握其中的技巧，从而使打折的效果大大弱化，甚至起到反作用。因此实体店经营者在充分领会其精髓的基础上要灵活、巧妙地运用。

只有运用得当才能让折扣更有价值，在吸引消费者进一步消费的同时，获取更大的利润。因此，店铺管理者在网店中使用打折促销策略时要善于从实际出发，注意方式方法。

店主学堂

如何对产品价格进行折扣定价呢，需要从以下两个方面入手。

（1）明确折扣的特点

① 低价位性　互联网是从科学研究应用发展而来的，其使用者的主导观念认为网上的信息产品是免费的、开放的、自由的。在早期互联网开展商业应用时，许多网站采用收费方式想直接从互联网赢利，结果被证明是失败的。成功的Yahoo公司是通过为网上用户提供免费的检索站点起步，逐步拓展为门户站点，到现在拓展到电子商务领域，一步一步获得了成功，它成功的主要原因是遵循了互联网的免费原则和间接收益原则。

网上的产品定价较传统定价要低，关键是有着成本费用降低的基础。互联网的发展可以从诸多方面来帮助企业降低成本费用，从而使企业有更大的降价空间来满足消费者的需求。因此，如果产品定价过高或者降价空间有限，最好不要在网上销售。当然，如果是工业、组织市场，或者高新技术、新产品，由于消费者对这类产品价格不太敏感，也不一定需要采用低价定价策略。

② 消费者主导定价　所谓的消费者主导定价，是指为满足消费者需求，消费者通过自主性选择购买自己满意的产品或服务。同时以最小代价（产品价格、购买费用等）获得这些产品或服务。简单地说，就是消费者的价值最大化，能以最小成本获得最大收益。

根据调查分析，由消费者主导定价的产品并不比企业主导定价获取利润低，国外的拍卖网站eBay.com曾有分析：在网上拍卖定价产品，只有20%产品拍卖价格低于卖者的预期价格，50%产品拍卖价格略高于卖者的预期价格，剩下30%产品拍卖价格与卖者预期价格相吻合，在所有拍卖成交产品中有95%的产品成交价格卖主比较满意。

消费者主导定价的策略主要指根据消费者需求来制订折扣，既能更好地满足消费者的需求，同时企业的收益又不受到影响，而且还可以对目标市场了解得更充分，企业的经营生产和产品研制开发可以更加符合市场竞争的需要。

（2）遵循折扣的原则

对于大部分实体店经营者来讲需要掌握必要的市场打折原则，具体如下：

① 先小后大，先少后多逐渐递增　每个人都有或多或少的贪心、永不满足的心理，消费者在购买产品时也一样，比如，在得到了5%的折扣之后，会想10%的折扣，而一旦得到了10%的折扣，一定还会想要更大的优惠。所以说，在折扣的过程中一定要遵循循序渐进的原则，先小后大，先少后多。在刚开始时折扣力度不要非常大，一下子将折扣全部抛出来。打折的时候一定要先小后大，刚开始给对方一个适中的价格，然后根据消费者的需求再将折扣放开，慢慢增加。

② 将折扣变成一种奖励手段　大部分消费者在购买过程中会有一种错误的心理，即：应该理所当然地享受折扣。而对于店主或卖家来说，想的则是如何使这种折扣更有价值、更有吸引力。立场的不同无形中扩大了买卖双方的心理隔阂。

既然"折扣"在消费者心中已经形成了一种"让利"方式，那么就不妨再将折扣变成奖励。只要店主善于变通，把"理所当然"的折扣变为"额外奖励"，让消费者满意，自己也不吃亏，一举两得。其操作模式如图5-1所示。

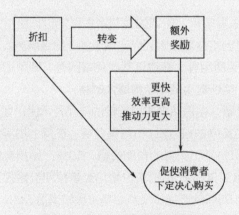

图5-1　折扣变奖励的操作模式

折扣的最大作用在于短期性和诱导性，目的就是为了"刺激"消费者的购买欲望。但并不意味着返利将一定一成不变，如果可以将折扣巧妙利用，比如变为奖励效果反而会更好，最大的好处就是由原来的一种"理所当然"转变成了一种"额外激励"，原来的固定支出变成了可掌控、可支配资源。这种调整更容易迎合消费者，引导他们的消费心理产生转变，以便促使他们下定决心购买。

知识小贴士

在大多数消费者眼里,价格是决定自己是否购买的最重要因素。能享受"低价折扣"是促使采取购买行动的最大动力,尤其是在品牌影响力较大、知名度高的产品上,效果更为明显。

5.3 主动降低——主动一小步,盈利一大步

价格往往是促销活动的核心,也是买卖双方争论的焦点,线上消费者对价格的敏感度比传统线下的消费者更高。因此,怎样巧妙地降价便显得尤为重要。在原价格的基础上,直接降价或者提升价格再降等,都是经营者需要考虑的问题,但不管怎么降,都是以吸引消费者购买为最终目的。

有人说降价是不提倡的策略,因为价格一旦降下来就意味着要舍掉一部分利益。理论上看是这样,可这种理论在互联网时代行不通,尤其是在O2O模式下,各大厂商追求的是粉丝数量,而不是价格,粉丝越多所获得的利润也就会越多。如新品促销,很多卖家不惜代价甚至投巨资也要打折,就是为了获得更高的销量和人气,诸如参加天天特价的9.9元包邮活动。

> **案例分享3**
>
> 2010年4月6日是小米的诞生日。从2011年开始,为了回馈一路支持的粉丝,小米将4月8日定名为米粉节,图5-2为米粉节优惠活动宣传海报。每年的米粉节,小米公司都会投入大量人力物力财力,而这一天及后续几天举办的粉丝节则成了粉丝的狂欢节,可以低价买到很多宝贝。
>
>
>
> 图5-2 米粉节优惠活动宣传海报

主动降价是获取粉丝的一种捷径,即通过降低价格给对方一种"便宜"的感觉,以迎合消费者追求物美价廉的心理,以此来带动消费者更大的消费额度和更多的消费频率。很多时候通过低价格引流进来的买家有一部分会通过关联销售而去购买店内其他利润更高的产品。

因此,这种策略关键是在于"主动",而不是要和消费者讨价还价。因此卖方在价格上要主动妥协,做出让步会使整个促销活动更顺利。主动降价一方面让消费者感到意外、有所惊喜,有利于买卖双方建立长期的合作关系;另一方面也可以提高卖方自身同类产品的竞争力,利用价格壁垒阻止竞争对手的入侵,保护自己的消费者资源。

店主学堂

主动降价在促销活动中是一种战略性的放弃,是一种"以退为进""欲擒故纵"的经营手段。以损失一小部分利益获取更大的利润空间,去最大限度地吸引消费者,提升形象。常见的降价方式,见表5-1。

表5-1 常见降价方式

类型	案例
错觉折价	比如,10元改成9.9元,100元改成99.8元,这是巧妙地利用了边缘价格,给消费者制造视觉上的错误
限时降价	比如,有的超市常会打出"店庆期间所有产品5折""××期间××产品特价处理"的促销广告,其实就是激发消费者的抢购心理,让消费者产生怕错过的心理
置换价格	比如:"花100元买130元产品"。这与打7折是同等的效果,但前者是优惠后者是折扣,给消费者的感觉是不一样的
双重降价	比如,"满100元可减10元,并且还可以享受8折优惠"; 双重降价给消费者的优惠力度感觉上会更大,诱惑性自然也更强,而且对商家而言,比直接降价成本也更低; 如原价100元的产品,满100减10元再打8折为72元,比原价降低了28元,相当于7折。但如果直接打7折的话则实际为70元,降低了30元

然而,主动降价并不是真正地赔钱赚吆喝、降低利润的行为,而是为了适应市场环境、外部条件的变化和消费者的心理需求。尤其是消费者的心理是极为微妙的,正如乔布斯所说"大多数消费者并非要'买便宜',而是想'占便宜',如果真正便宜了,他反而不买了"。因此,降价也需要策略,在降价之前要进行详细的策划,以服务于店铺总目标为目的,降价的范围、程度、时机、频率以及方式等都要做全盘考虑。

(1)遵循降价的原则

原则一：实现有良好宣传做铺垫。在降价之前，良好的宣传不可缺少，也就是说要让消费者意识到降价的重要性和必要性。降价促销不是减价促销，不是因为质量问题而处理，而是为了回馈消费者，让消费者享受更大的优惠。

原则二：降价的频率不能过于频繁。主动降价并不等于持续不断地降价，否则反而会使消费者误解。在降价的频率上要特别控制。一般来讲，在一个完整链条中，只能主动降价一次。因为有的消费者还会讨价还价，要给对方留出这部分空间。

原则三：降价的幅度要因物而异。其实降价活动的成功关键并不是降价力度的问题，如何让消费者感觉到自己获利才是关键。以服装为例，有很多小品牌可以大幅降价，甚至2折、3折，但仍不会让消费者感觉到满意，而高档名牌服装一般不打折，偶尔9折、8折，消费者也感觉占了很大便宜。所以，降价幅度不是越大效果越好，而是要根据产品的类型、知名度、价值来具体制订降价的幅度、合理的范围。不合理的降价不但不会促进销售，还会伤害到品牌的知名度和美誉度。

(2)利用官方推出降价工具

在网店上降价是很方便的，通常可以直接使用平台上支持的方式，如限时打折、满就送、多买多优惠、套餐系列、团购等。

如淘宝、微盟、微小店等电商平台都有自己的降价方式，平台会定期推出满就送、限时打折等活动。官方推出的这些促销手段、时间、促销额度相对固定，可以很好地培养消费者的购买习惯。如每当节假日，各大网站必定会有一系列的促销活动，或者个别网站特定的日子，如米粉节，官方组办的购物节、周年庆等，这些消息很多时候不用刻意宣传就会不胫而走，因为已经在消费者脑中形成了条件反射，每到这个时间段都会自动自觉地去关注。

主动降价会让消费者觉得自己的利益有所放大，从而为自己树立了

> 薄利多销的形象，赢得良好的口碑。保持合理利润率的同时，也能促使企业通过内部挖掘、提高效率、加强管理等手段实现增收节支。

5.4 制造幻觉——抬高价格反而会有大市场

当消费者对产品价格提出质疑，唯一的办法似乎就是降价。但对于如何降才能不削减利润？这是很多经营者苦恼的事情。但在这里，不妨换一种思路，可不可以以提高价格的方式来带动销售呢？这个想法是完全可以变成现实的。爱马仕表33万美元一只，成本不足3万美元；CD香水800元一瓶，成本不过百元。虚高的价格为什么会有市场？关键就在于"制造幻觉"，给消费者一种高价格必然是高档产品或者质量一定过硬的感觉，那么销路自然就会打开。

案例分享4

制造幻觉营销的方法在网店销售中更为普遍，如："花100元买130元产品"的错觉折扣其实只等同于"打七折"，如图5-3所示，但却告诉消费者我的是优惠不是"折扣货品"，而且价格表明对于销售更有"冲击力"。

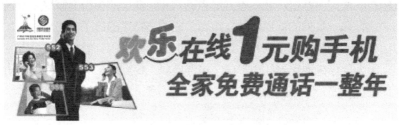

图5-3 制造打折的幻觉策略

再如，10元改成9.9元，这是普遍的促销方案，如图5-4所示。

图5-4 制造低价虚幻策略

综上所述,促销并不是简单的降价,而是在对目标消费群体的消费心理进行详细分析后,针对消费者在每个阶段的不同消费心理进行降价促销。这说明做好心理价格也是一种促销策略,尤其是在陷入没有销路的窘境中时,要学会摸准消费者心理,制造价格幻觉,反而会有大市场。当然,我们不能把这点寄托在消费者的虚荣心上,只能说这是其中的一个重要方面,而且既然消费者愿意为这些产品花更高的费用,其质量也是显而易见的。

然而,提价促销虽然有效,但也是较难操作的促销方法,在实际操作中需要运用一系列的技巧。

店主学堂

在报价中,或者面对消费者砍价时,实体店经营者、促销员在网上如何使价格维持在一个较高的水平呢?

(1)声望定价策略

大多数消费者都有"便宜无好货、价高质必优"的心理,尤其如豪华轿车、高档手表、名牌时装、名人字画、珠宝古董等名牌产品,稀缺产品。高价格不但不会引起反感,反而有利于刺激他们的购买欲望。目的是提高自己的声望和声誉,价格越高,心理满足程度也就越大。

由于这些产品本身在他们心目中享有极高的声望，再配以他们关注的高价，就更能显示其价值。针对这种心理来提高产品价格的方法，叫作声望定价策略。

（2）迎合消费者某方面的特殊需求

星巴克的咖啡为什么更贵，那是因为星巴克出售的是星巴克体验，是某种生活方式。也正因为此，前来消费的消费者也很少对价格有异议。

虚高价格，是透过市场给消费者制造的幻觉。在营销学上属于"心理定价法"的范畴。由于这个价格能为消费者提供某些特别的东西，也就迎合了"觉得贵但仍愿意购买"的心理，因此这种促销方式也常常有很大的生存空间。

实体店经营者在报价中决定提高价格时，一定要想清楚这个价格能否为消费者带来超出产品价值本身的东西。有，才这样做，没有，就要谨慎行事。

（3）"升级"产品，提升价值

对产品进行"升级"是提高价格最好的理由，这种方法通常适用于那些已经处于较低水平价格的产品。通过功能组合，或者优化精选，或者谋求创新等，来实现价值的提升。

为什么所有榨菜都卖0.5~1元，乌江就可以卖到2~3元？理由是乌江首先进行了升级，成为这个行业的领袖品牌。榨菜多年处于一个较低的水平，导致了产品价值感较低，如何提升这个品类的价值感，实现品类升级，成为发展的突破口。换句话说，哪个品牌最先解决了这个问题，谁就最有可能摆脱消费者对榨菜价值低的认知，取得提价的主动权。

一般来说，对产品进行升级有三个层级，即"创新型产品升级""跟进型产品升级"和"改头换面型产品升级"。

① 创新型产品升级　以满足消费者的潜在需求为主，包括对产品的内在品质、外在包装进行提升。

② 跟进型产品升级　以满足消费者现有的需求为主，着重于跟随、模仿当前市场上领导品牌和畅销产品，做一个后来者。

③ 改头换面型产品升级　既能满足消费者现有需求，又能满足未来的潜在需求，着眼于在原有产品的基础上提升竞争力。

知识小贴士

利用价格技巧可以影响消费者的购买行为，而制造价格幻觉则是一种特殊的方式。即主要对高档、稀有的产品，通过抬高价格、模糊价格，以给消费者制造一种占便宜、有优惠的幻觉，最大限度地激发消费者的购买欲望。

5.5 阶梯价格——让消费者自动产生心理落差

实行什么样的价格体系比较好？是单一价格，还是组合价格？这一点非常重要。一个好店铺必须有多样化的产品价格体系，就像下棋的棋子一样，要能彼此照应。

那么什么是价格体系？可通过下面的一组数据来进一步了解。

假如某店的产品有低、中、高三档，价格分别是100元、1000元、3000元。每天平均有10个人购买低档产品，8个人购买中档产品，5个人购买高档产品，这样一天的营业总额是：10×100+8×1000+5×3000=24000元。

这时可做一个假设，假如该店只售低档产品，一天的营业额就只有1000元；只售中档产品营业额为8000元；只售高档产品营业额为15000元。显然，只有同时销售不同价格的组合产品利润才能达到最大。

案例分享5

易讯在7周年店庆上，曾采用"签到"的形式赢取iPhone5，给消费者以阶梯降价的优惠，签到次数越多，降价幅度越大。这种策略就是利用了阶梯价格原理，如图5-5所示。

易讯这次促销的成功之处在于价格是呈阶梯上升的，且不是简单的分档次，还隐藏着更大的玄机：那就是可激发人的对比心理。

新零售：
实体店O2O营销与运营实战

图5-5 易讯的"签到"降价购手机降价策略

心理学上有个对比效应（Contrast Effect）[1]，也称"感觉对比"，是指同一刺激因背景不同而产生的感觉差异的现象。如同一种颜色把它放在较暗的背景上看起来明亮些，放在较亮的背景上看起来暗些。两种不同的事物同时或相继呈现，比它们各自单独呈现所得到的效果要好。购物时也是如此，多个价格进行比较，可以让消费者感觉捡了便宜，人的心理往往就是这样。

店主学堂

作为实体店经营者，无论卖何种产品必须清楚地认识到，产品的价格并不是简单给出几组数字，而是要形成一个体系；不只在某单一产品的价格上疯狂促销，否则只能获得一小部分利润，而失去大部分潜在利润。这部分"潜在利润"正是通过阶梯价格而产生的，实体店经营者如果能真正重视起这部分潜在的收益，那营业额将翻倍增长。

那么，如何来设置产品的阶梯价格呢？可利用三重定价法。所谓的"三重设置"，即一个最高价、一个最低价、一个中间价，如图5-6所示。

具体的设置方法为先设置最高价、最低价，然后根据实际需求，或其他客观条件取一个中间价。中间价的取舍方法可以结合产品自身情况（质量、档次、成本）、消费者需求（购买量、购买频率）、市场需求（消费水平、潜力需求），以及消费者的具体情况等。

---

[1] 对比效应是指个体面对社会比较信息时，其自我评价水平背离（Displace Away）比较目标的现象，即个体面对上行比较信息时会降低其自我评价水平，或面对下行比较信息时会提升其自我评价水平。

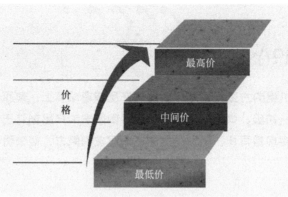

图5-6 不同档次产品价格阶梯化示意图

在运用这种方法时应注意两点,一是差异性,二是基准性。

(1)体现出产品与产品的差异

设置阶梯价格,最重要的就是要凸显出产品与产品之间的差异,并让消费者意识到这种差异带来的利益或好处。从而促使消费者根据自身需求找到适合自己价位的产品,实现供需一致,如图5-7所示。

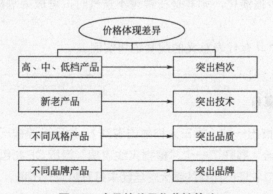

图5-7 产品的差异化营销策略

(2)确立价格设置的基准线

在给产品设置阶梯价格之前须先确立一个明确的标准,即依照什么来对价格实行划分,然后再在这个标准的基础上确定具体的价格。

比如,以产品质量、出厂日期、大小、新旧程度等产品自身的特征,或消费者"购买水平""购买数量""消费总额"等。这些都可当作划分产品价格的基准,通常来讲消费者的消费额度越大,所得优惠越多。

知识小贴士

阶梯价格的方法无论推广到哪种产品或者服务上，都可分为三个不同层级——初级、中级、高级。针对不同层次的产品制订三个价格，让产品价格实现差异化，满足消费者不同层次的需求，使消费者有能力并产生购买。

5.6 配套促销——优势互补，资源共享

配套销售又称"组合销售"，是将两种或两种以上存在某种联系的产品，以共同的利益点为纽带组合在一起，一并进行销售的方式。这种促销方式最大的优点是，可实现产品与产品之间的优势互补，使产品之间的优势更加突出；劣势进一步被淡化，尤其是在销售不景气时，可成为危机中对抗销售下滑的有力工具。

先来看一个具有代表意义的配套销售实例。

案例分享6

腾讯曾推出一款《第三人称射击游戏》，为了迅速被玩家接受就利用"QQ农场"展开了一个"植物火线玫瑰"换取CF礼包的活动。目的是利用QQ农场已拥有的强大粉丝团来打开新游戏市场。

对比分析一下，射击游戏与QQ农场两者共同点就是同属腾讯系，商家恰恰是利用了这个共同点，借助大家比较熟悉、比较钟爱的QQ农场游戏，实现了广大玩家以最快速度接受这款陌生游戏的目的。以熟悉带动陌生的模式，很快就获得了大量粉丝，达到了同时推广两款游戏的目的。

线上促销也可以采用这种配套销售的模式，一方面可以扩大产品的宣传面，降低成本，另一方面可以扩大消费者选择产品（服务）的余地，提高满意度，给消费者一种完美的消费体验。

这些附属产品大大提升了主产品的销量，可见，合理的配套销售有很多优势。除了在提高销量上有很强的带动作用外，在降低销售成本上也起到了很大的作用。同时，在提高消费者满意度上也有不错的效果。尤其是在销售出现危机的时候，更应该紧紧抓住机会，将产品充分利用起来。

接下来，就来阐述一下配套销售的主要有利之处，具体表现如图5-8所示。

配套销售的有利之处
- 降低成本，增加利润
- 增加消费者一次性消费的额度
- 带动回头客，提高消费者重复购买的概率
- 刺激额外收入，季节性、冲动性购买
- 提升店铺形象，树立独树一帜的店铺形象
- 维持消费者的忠诚度

图5-8　配套销售的有利之处

店主学堂

配套促销具有很多优势，但在实际操作中很少能同时达到这些效果，总会存在这样或那样的影响因素。比如，配套产品选择不当，组合方式、组合策略欠佳等，都会对整个促销工作造成很大的负面影响，那么，具体该如何操作呢？可以从以下3个方面做起。

（1）明确哪些产品适合配套促销

一个店铺运营的产品有很多，但通常来讲，只有一部分，甚至一小部分适合配套促销。那么，如何从众多产品中辨认、挑选最适合做配套促销的产品呢？实践证明，只有符合以下4个"度"才可以，如图5-9所示。

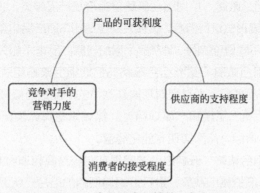

图5-9　产品配套促销的4个度

（2）最适合配套促销的4种产品

以上4个"度"通常是对产品选择上的宏观把握，在具体操作上也需要更加明确。一般来讲，以下4种产品是最适合配套促销的，其实，两者是一致的，一个是宏观上的把握，一个是微观上的把握，4种产品类型见表5-2。

表5-2 最适合配套促销的4种产品

产品类型	定义	举例
时令性产品	具有消费的时令性，只有在某些特定的节日或季节销量较大的产品	礼品、食品、服装等
敏感性产品	市场价格变化较大，且容易影响到消费者购买心理的产品	以米面菜蔬、衣食行等日常必需品居多
众知性产品	品牌知名度高，被众人熟知、市场上同类产品多、容易被取代的产品	化妆品、保健品、饮料、啤酒
特殊性产品	商家、供应商拥有自主品牌，自主开发的、市面上绝无仅有的产品	超市、医院自行开发的卫生纸、药品等

（3）完善产品的组合策略

产品与产品的配套组合不是简单的结合，而是要根据一定的策略进行组合。所以在进行配套促销前，还需要明确组合策略，根据各个品类特性细分消费市场，确定每个品类产品的组合形式。

只有正确地组合，才能使配套个体在整体中发挥作用，提高整体营销效率。常见的组合策略有以下5种。

① 扩增组合策略 扩增组合策略是指增加产品种类，以拓展产品的广度和深度为主要形式进行组合。具体表现在增加与原产品相类似的产品；增加不同品质、不同价位的同一种产品；增加与原产品毫不相关的产品。

② 缩减组合策略 缩减组合策略与扩增组合策略相对，是指通过削减产品线或产品项目，尤其是对那些获利小的产品进行缩减，以将优势资源放在获利大的产品线和产品项目上。缩减策略具体表现在减少产品数量、削减产品项目，从而实现专业化经营。

③ 低档组合策略 低档组合策略是针对经营高档项目的店铺而言的，增加低档次、低价格的产品，进行低档与低档的组合，以更好地吸引消费水平较低的消费者，增加销售总额，扩大市场占有率。

④ 高档组合策略　与低档组合策略相反，高档组合策略就是在原有的产品项目中增加高档次、高价格的产品项目，从而进行高档与高档的结合，提高企业利润，吸引高端消费者。

⑤ 改良组合策略　改良组合策略是由低档组合和高档组合延伸而来的，也就是综合高低档产品，以一定的比例进行组合，满足各类型消费者需求。

配套促销是基于相关产品之间的一种组合销售模式，其中，关键的一点就是寻找产品与产品的共同点或关联点，再以最恰当的方式组合在一起，使其形成一个完整的整体。比如，照相机和摄像机的配套产品有相机包、电池、存储介质、三脚架、麦克风、滤镜等。这是一个最简单的组合方法，即以消费者需求为关联点进行产品促销。

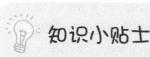

知识小贴士

综上所述，实体店经营者、促销人员平时要做足准备工作，研究产品与产品之间的高度关联性，寻找最适合配套的共同点，建立起完善的策划方案和制度，确保快速实施、快速见效。

5.7　捆绑促销——巧妙搭配，多多获利

捆绑销售，即把若干没有关系的产品组合在一起（这是与配套促销的重要区别所在），利用主产品的优势，带动附加产品进行销售的一种形式，目的是为了获取最大程度的利润空间。

捆绑销售，最具有代表性的就是移动、联通、电信公司。如很多用户都熟悉的"1元手机＋1年话费＝同话费价值相等的手机"就是捆绑销售的最好运用。

新零售:
实体店O2O营销与运营实战

> **案例分享7**
>
> 　　移动、联通、电信等公司在广告中宣称：只要消费达到一定数额或一定的条件，预存一定的话费后便获得超低价购机机会。而这部分预存话费会分别在12个月内定期返还。
>
> 　　对于消费者来讲，能以超低价格买一款手机，同时又获得了与手机价格相等的话费，可谓是手机、话费两者兼得。那么移动、电信公司为何要将几千元的手机用1元钱卖出？玄机当然是在话费里。实际上他们利用了捆绑销售的方式，达到吸引消费者的双重目的。
>
> 　　以预缴话费为例，我们做一个假设性的分析：假若广告上只是单纯打出广告语"预缴话费，送手机"，那么在店铺缴纳所得税的时候便包括：该公司收取的3720元电话费要按3%征收营业税3720元×3%=111.6元；对于赠送的手机要视同销售，也要交纳3%的营业税，手机价值3967元，那么公司应负担的营业税为3967元×3%=119.01元（电信单位销售无线寻呼机、移动电话，并为消费者提供电信服务的征营业税）。
>
> 　　这样，一笔业务要负担111.6元+119.01元=230.61元的税。同时，店铺还要为得到手机的个人代扣代缴20%的个人所得税3967元×20%=793.4元。

　　有人把捆绑销售称作"共生营销"，简单地讲，即指为了扩大影响力，将两种或两种以上的产品、服务、品牌，甚至店铺在促销过程中进行的跨品牌、跨行业的"捆绑式"合作。这种捆绑带有硬性的意思，从而可以达到强强联合、资源共享。

　　实体店经营者在促销时要学会运用捆绑模式，并善于举一反三，灵活处理。因为绝大部分实体经营的项目相对固定，其消费者群体也是相对固定的，这样的发展模式很利于稳定发展。

　　接下来了解一下捆绑销售的优势和常见形式，如图5-10和图5-11所示。

　　值得注意的是，捆绑销售并不等于随意地"捆绑"，而是需要技巧，否则不但不会达到"1+1＞2"的效果，反而会适得其反。所以，捆绑销售的成功与否，很大程度上还依赖于捆绑策略的正确与否。

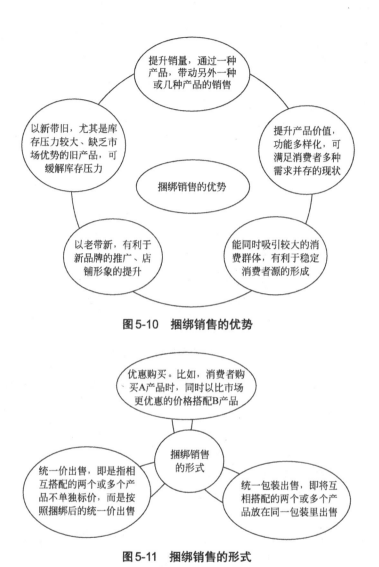

图5-10 捆绑销售的优势

图5-11 捆绑销售的形式

💡 **店主学堂**

那么，该如何进行正确地捆绑呢？首先需要了解什么产品适合捆绑，捆绑产品需要有哪些特性。

（1）捆绑产品之间要具有互补性

捆绑的几种产品其各自的价值最好是互补的，即双方或多方捆绑后能以整体价值呈现，且能提升彼此。让消费者购买时感到这是一个不可分割的整体,能够把它们当作一个整体去综合考虑,而不是将若干个个体刻意放在一起。

从这个角度来看,不能硬性捆绑,否则反而会产生负面效果。

有媒体报道,曾有某购票App会在购票者购票时不知不觉间捆绑一份20元的交通意外保险,此种行为已严重伤害了消费者利益,如图5-12所示。

图5-12　硬性捆绑制造的负面效果

乘客是否愿意购买保险,决定权在乘客。这样的捆绑销售既侵害乘客的合法权益,又违反了法律规定。

捆绑产品之间的互补性越强,对消费者的触动越大,消费者完全有理由在购买一个产品的同时,考虑另一个捆绑产品。比如,办公桌与办公椅的捆绑,计算机与打印机的捆绑。

相反,假如双方的关系是从属关系,那么,就有可能使消费者在选择其中之一时不再需要另外一种。这一点是实体店经营者制订捆绑策略时需要格外注意的,必须使捆绑的产品在功能上是互补的,被捆绑的各方至少也应该是独立品,而决不能是彼此竞争的替代品。

（2）受众群体要基本一致

一致性是指两种或几种捆绑产品的目标群体要基本一致。因为只有拥有相同的消费群体,才能保证两种或几种产品同时销售出去。捆绑的目的是成为一种真正的动力而并非阻力。

可以设想一下,假定捆绑产品针对的消费者差异很大,捆绑产品就很难同时满足他们的需求。需求决定购买行为,没有需求的消费者就很难去购买。

如奥康皮鞋曾与温州农行实行过一段捆绑营销,即持有农行卡的消费者在奥康专卖店消费时可得到一定的优惠。但效果并不理想，奥康皮鞋的销量没有见长，温州农行的业绩也没有出现明显的提升。根源就在于两种捆绑产品的目标群体不一致，需求重叠性太小。

（3）产品价格定位的统一性

根据经济学的观点，人们的职业、收入、财富和教育水平等与消费观念保持着高度一致。即处于一定社会阶层的人，具有特定的行为标准和价值观，其购买需要的层次也是特定的。所以，捆绑销售的产品在价位、价值上差距不能太大。

比如，一个奢侈品和一个普通品捆绑促销，这种错误的捆绑思维非常常见，由于针对的人群不同也很难实施。尽管可以拉低奢侈品的价格，但对于低收入阶层的消费者来说也是难以接受的，而对高收入者呢？廉价低劣的捆绑品则可能成为罪魁祸首，因为这些劣等品对自己来说毫无价值，甚至有损体面。

或者捆绑产品价值相距很大，其中一个产品不足以吸引消费者。如汽车与一个小小的座椅垫相捆绑，显然是不科学的。因为对有购买小轿车能力的消费者来讲，座椅垫所带来的吸引力远远不够。

知识小贴士

捆绑销售实质上是配套销售的一种外延，不同的是产品与产品之间的关系发生了变化，配套销售是从属关系，捆绑销售是依存关系，依靠两个或几个产品之间的优势实现资源共享，相互带动，进行统一促销。

5.8 接受预订——预订越早折扣越大

苹果公司每上市一批新手机都会率先推出预订业务，如iPhone6手机正式上市前一个月就开始接受预订。据中国移动iPhone6预订页面显示，不到24小时，人数已近3万人，预计销售额可达2亿元，可见消费者购买iPhone6的火热程度不一般。

无独有偶，一些品牌车，如广本雅阁、广丰凯美瑞、汉兰达、奥迪Q5等，上市前也多采用预订的方式。消费者还要排队等候，有的要预付款再排队，有的甚至被加价销售，更有甚者要托人找关系才可能买到。厂家利用的就是消费者的抢购心理，来扩大"热销"的影响，从而为以后的持续热销打下基础，并建立忠诚度更好的消费者群体。

其实，这正是企业的一种促销策略，如今，"预订"已经成为一种普遍现象，大到几十万、几百万的汽车、住房，小到几十元、几百元的鲜花、餐饮、酒店住宿，人们都似乎热衷于提前体验。这不仅仅是能优先获得产品或服务，更重要的是可享受卖家提供的优惠。

案例分享8

布丁酒店是全国最大的连锁酒店之一，他们在自己的官网上就经常采用预订折扣的促销方式。即提前预订酒店，可享受一定的价格优惠。

图5-13为布丁连锁酒店官网的宣传广告："官网预订独享特权"。不难看出，该酒店运用的就是预订促销的策略。用返现、折扣、翻倍积分的形式促使消费者尽快预订，而且越早越好。

图5-13　布丁连锁酒店的预订策略

比如，"预订优惠中"明文规定，在官网预订订单超过200元（含），即可享受原价的九折优惠；"预订返现"中明确规定，在官网预订订单实付金额超过169元（含），入住后即可返现15元。类似的促销还有积分活动、礼品赠送等，目的只有一个，就是促使消费者尽快预订。

预订实现了酒店和消费者最佳的契合点。对酒店而言，不但可以将空余的房间最大可能地销售出去，同时又能以优惠的方式吸引更多的潜在消费者，树立在公众心中的良好形象（这要比公开打折效果好得多）；对消费者而言，既便捷、节省时间，又可以得到比公开渠道低得多的价格。可谓是双赢的局面。

> **店主学堂**

所谓"预订销售"策略是卖家故意调低产品的供应量,以期达到调控市场供求关系、制造供不应求的"假象"、维持产品较高售价和利润率的目的。这种模式与"饥饿营销"有很多相似之处,不少卖家就是运用"饥饿"营销的方式扩大产品的价值和品牌影响力。提前预订这种模式对产品的促销,尤其是对新上市的产品促销是有很多优势的。

提前预订的优势具体表现在4个方面,如图5-14所示。

合理安排时间,供货更充足	给消费者更多实惠	按订单供货,提高效率,降低成本	降低市场风险
提前订货、提前生产、提前销售,可以使企业更好地安排自己的时间,错开产品因销售旺季可能带来的生产、运输瓶颈,有效解决了渠道数量大和店铺在旺季难以及时供货的问题	预订销售,一般是根据消费者需求而私人订制的,能很好地满足消费者的需求,提高消费者的满意度,真正为消费者带来实惠。再加上通常都是直接发货给消费者,减少了消费者的等待时间	按预订订单供货,实现了供、销、存的高度一致性。预订商品一般不会占有库存、人员管理等资源,极大地提高了店铺的周转率。在提高对消费者服务效率、服务质量的同时,也减少了运输及二次存储费用,减少了生产过程中不必要的浪费,大大降低了企业的生产成本	预订的过程就是对市场进行调查和定位的过程,通过这一过程会对市场有进一步地了解。这将有效化解商品因市场行情变化过快而带来的风险,解决了实体经营对市场的依赖度和反应敏感度

图5-14 提前预订的优势

知识小贴士

预订起到的主要作用是宣传,是一种提供信息的载体,通过提前预订让消费者对公司和品牌有所了解。从这个角度看,所起到的宣传作用是最主要的,售卖是其次。事实上,目前,大范围地采用提前预订的销售模式还并不成熟。

5.9 上门服务——将服务送到消费者家门口

为给消费者带来更好的体验,很多行业开始创新性地利用O2O这种模式,从而延伸出了很多新的服务方式。最具有代表性的就是O2O上门服务,传统O2O的做法是利用O2O工具线上引流消费者,在线下体验,而上门O2O是在一些比较简易的平台或网站上推出服务信息和项目,消费者通过电话、QQ等形式进行预约,然后根据用户需求提供一对一的上门服务。

2014年以来O2O上门服务在很多行业兴起,线上约单、线下服务,尤其是服务行业最为普遍,上门美甲、上门推拿、上门美容、上门清洁等。如雕爷的河狸家开始拓展美妆业务,58同城推出了58到家上门服务,总之,已经有越来越多的创业者正试图进入这个领域。

> **案例分享9**
>
> "响马帮"是一款为车主和商户提供供需交易的移动服务平台。它于2014年10月创立,开创了车人分开,"保养""护理""维修"分开的业务模式,业务主要包括精致手工外洗、特效保护打蜡、轮胎轮毂深度洁护和内饰全效养护等。
>
> 从2015年起"响马帮"就开始转型为上门服务,它的上门服务逻辑非常简单,用户只要通过手机App选择停车位置、输入相关资料,然后发出一个美车订单,"响马帮"就会派附近的美车技师到指定地点进行服务。与以往服务不同的是,上门美车彻底解决了用户在实体店排队洗车以及时间限制的问题。

这一模式也彻底颠覆了汽车服务行业,随后很多类似的平台如雨后春笋般地冒出来,如车点点、赶集易洗车、E洗车、快洗车、喜爱车等,并纷纷与保险公司、4S店、电商平台进行合作,提高服务质量。

O2O上门服务模式之所以发展得如此快,就是因为其符合了门店生存需求和消费者的心理需求。

一是节省了门店的经营成本。由于有些服务项目很碎片化,很难形成持之有效的赚钱效应,如美甲、足浴等。其需求相对较小,消费者群体相对分散,如果采用传统门店模式开销会非常大,而这种随叫随到的上门服务则省去了门店租赁、装修、维护、雇佣员工及候客上门等各种成本。

二是迎合消费者的消费需求和心理需求。如今的消费者对服务要求越来越高,体验好、舒适感好、私密性好是最大的特征。比如上门推拿服务,因为带有一定的隐私性,所以上门服务让顾客更加有了舒适感和安全感。而且就推拿来说,过程相对简单,所需要的设备仅仅是一张床,家里的条件明显更好,床更舒服宽敞,卫生条件也更好。

再加上,在大城市工作生活的节奏非常快,繁忙之余既想放松放松,又不想舟车劳顿去实体店。这就是所谓的懒人经济,未来这种经济形式会越来越强,这些都为O2O上门服务提供了更广阔的市场。

店主学堂

然而,值得注意的是,并不是所有的项目都适合做上门O2O,就目前而言,适合采用这种模式的项目还是非常有限的。因此,门店经营者一定要先认真分析自己的经营项目,考虑清楚这些项目的可行性有多大。

那么,哪些项目适合做上门O2O呢?

(1)比较碎片化的行业

碎片化的行业,如餐饮、美甲等比较适合采用O2O上门服务方式,现在很多地方已经流行起了上门做饭,有一些餐馆会专门安排厨师为消费者上门做饭,根据对方的要求厨师带着调料上门,在消费者家中现场做菜。这样消费者就省去了去饭店就餐的时间,关键是安全、卫生、有气氛。目前这样的O2O平台很多,如好厨师、上门大厨等,如图5-15所示。

图5-15 好厨师线上服务

（2）可"当场发生"的服务

上门服务由于会涉及消费者的隐私，打扰对方的正常生活，因此，所提供的项目最好是"可当场发生"的，比如保洁、搬家等很快就可以完成，这些服务相对容易O2O化。

但这并不是说，那些以往需要到店消费的服务行业就一定不适合O2O。互联网玩的就是颠覆和创新，没有严格的标准，只要符合用户的利益就可以大胆尝试。

如"嘀嗒拼车"，是拼车手机软件，被用户誉为最流行、最便捷的"拼车神器"，如图5-16所示。

图5-16　嘀嗒拼车线上服务

嘀嗒拼车最初是以"车的线路"为标的物，让用户根据车的路线选择。采用这种方式一直没有发展起来，也使车、乘客严重不匹配。因此，"嘀嗒拼车"开始改变运营思路，转而以"乘客需求"为标的物，根据用户的位置进行线路匹配，这样就成了一种上门服务，乘客在哪儿，车就去哪儿，从而让车动起来，大大方便了乘客。

知识小贴士

上门O2O为商家节省了经营成本，打通了线上线下的渠道。但最根本的一点不能变，即服务质量。"上门"本身就是一项高标准的服务，在大多数消费者看来，我要求上门，一定要比实体店服务更专业、更周到。因此，做上门O2O必须要注重服务的质量、专业性和创新性。

第 6 章
O2O营销之线下促销策略：利用好节假日，黄金时间巧"捞金"

> O2O营销体系一端在线上，一端在线下，因此在做好线上促销的同时，还需要线下活动的密切配合。实体店经营者在做O2O时必须做好线下工作，以便更好地配合线上促销。线下工作主要包括活动的策划、店铺的装饰、产品的陈列、对消费者提供的服务等。

6.1 节假日促销——假日经济催生的利益链条

互联网、新媒体大量崛起之后,传统的营销方式所发挥的作用越来越小,节假日营销作为传统营销方式的主要方式也开始寻求与新媒体的结合。事实证明,结合后其传播力、渗透力更大更强。

那在节假日营销中,互联网到底能带来什么呢?

> **案例分享1**
>
> 最具有代表性的一个现象是春晚。春晚作为我国最重要、影响力最大的一个节目,向来就是很多企业争夺的营销渠道。曾经的春晚冠名权费用高得惊人,一秒千金毫不夸张,而自从新媒体大量兴起后,还有谁说得出春晚冠名商的名字?还有谁记得小品中是否植入了哪个广告?毋庸置疑,现在整台春晚的关键词只有一个"抢红包"。
>
> 就在央视与微信等新媒体展开合作后,2016年春晚央视与各大网络进行了深度合作,开辟了互联网广告资源。春晚主持人在春晚现场引导观众通过社交媒体进行互动,虽然只是主持人多说几个字,但在春晚的大背景下却是"一字千金",图6-1是2016猴年春晚央视与新媒体支付宝进行合作的截图。
>
>
>
> 图6-1 2016猴年春晚央视与新媒体支付宝合作截图

手机上抢红包是春节风俗的变化，但作为商家，更应该看到其背后也是节日营销的变革来势汹汹。

另一个现象是网购。网购催生一种新的经济形式——假日经济，也让很多实体店看到了新的消费力。近几年，国人越来越重视节日，再加上旅游热的兴起，逐渐涌现出了一种新的经济形式——假日经济。

2012年开始了"双11"疯狂购物的模式，至此之后每年的这一天不仅引爆了网购热潮，而且也使微信营销成为电商进行网络销售的最主要形式。也正是这个时候，很多电商平台的微信公众号开始走进大众生活，天猫就是最具有代表性的一个。天猫首次在"双11"引入了微信公众号，2012年利用微信公众号分别举行了"五折先生"和"幸运星球"等活动，并以灵活、幽默的方式向用户播报活动的信息。

也许仍有人对2015年那个疯狂的"双11"印象深刻，曾经在京东商城、当当网、苏宁易购、亚马逊等网站引发了狂爆的网购热潮，导致背后的技术与配送平台几乎瘫痪。大概是暴利让电商们上了瘾，"双12"期间以淘宝为首的几个网站又搞起了网购促销，竟然再一次创下消费纪录。

"双11"只是假日促销的一个缩影，除此之外还有很多，其实每个节假日都是销售的好时机，因此也缔造了假日经济。所谓的假日经济，狭义上是泛指消费者在度假、出行过程中，吃、穿、玩、住、行、用以及由这六个方面带来的其他消费的总称。缘于庞大的消费群体，旅游景点周边地区的很多卖家开始在节假日上做文章，充分利用这些特定的时机，对特定的人群进行促销。

随着人们生活方式、消费方式的改变，以及假日经济的日益成熟，假日促销也成了卖家提升销量、扩大销售额的一种主要方式。据统计，节假日期间的销售业绩要比非节假日的业绩高出30%左右。可见，利用节假日进行促销，已经成为实体经营、线上经营的一个重要环节。因此，对于实体经营者来讲，如何利用节假日进一步吸引消费者的注意力，做大做活节假日市场也势在必行。

💡 店主学堂

那么，如何做好假日促销呢？可从以下两个方面入手。

（1）明确哪些节日适合推销

在我国节日有法定节日和非法定节日两大类。法定节日是指国家法律明确规定的、企事业单位必须履行的,适合全体公民的节日,以元旦、春节、端午、中秋四大传统节日为代表。

第二类是用于某特定人群的,适合部分公民享受的节日,比如,父亲节、母亲节、妇女节、青年节、儿童节、教师节、护士节等。

另外,情人节、万圣节、圣诞节等一些外国节日也日渐多了起来。

可谓是"节"连不断,为了更好地把握、利用这些假日,需要对1年中主要的假日进行整理,并进行有针对性的安排,如图6-2所示。

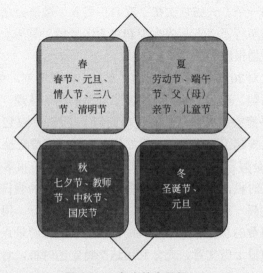

图6-2 一年中的主要假日

（2）严格把握每个节日的周期

搞节日促销除了清楚有哪些节日外,还应明确每个节日的具体时间和周期。一方面是为了早做准备,否则,再好的策划,如果没有完整的规划和预算,产品不充足,促销品不到位,消费者该买的买不到,该拿的拿不到,必定会影响整体的效果;另一方面是为了抢占先机,任何促销活动宜早不宜迟,策划一个有特色的活动至少要比对手早3～4天,否则就会被对手抢先。

接下来就详细了解一下每个节日的放假时间与天数,以及在搞促销活动时相对应的期限,以2016年为例,见表6-1。

第6章 O2O营销之线下促销策略：利用好节假日，黄金时间巧"捞金"

表6-1 我国法定节日

节日	放假时间	放假天数	活动期限
元旦	1月1日	1天	5天
春节	2月7日—2月13日	7天	10天
清明节	4月2日—4月4日	3天	3天
劳动节	5月1日—5月3日	3天	5天
端午节	6月9日—6月11日	3天	3天
中秋节	9月15日—9月17日	3天	5天
国庆节	10月1日—10月7日	7天	10天
妇女节	3月8日	女性半天	3天
青年节	5月4日	14~28周岁青年半天	3天
儿童节	6月1日	14周岁以下儿童半天	3天
建军节	8月1日	军人半天	3天
另外，还有一些特殊人群节日，比如，父亲节（每年6月的第三个周日）、母亲节（每年5月的第二个周日）、植树节（3月12日）、记者节（11月8日）、教师节（9月10日）、护士节（5月12日）等，均没有假期			可根据实际情况随意调整

知识小贴士

很多时候，利用节假日搞促销效果甚微，原因是过多地使用这种单一的降价、打折、买赠的方式已无法对消费者造成新奇感，且会造成一种持币待购的心理。看哪家降价最低、打折最狠、赠品最好就选择哪家。所以，在进行促销时不能重复、过多地使用同一种方式。而要多采取新的方式吸引消费者，如组合营销、附加值促销、回报促销、借力促销等。

6.2 线下活动——配合线上节日营销进行

线下促销活动做得最多的就是节假日营销，利用节假日的气氛来促使消费者购买。做O2O营销仅靠线上的渲染是不够的，还需要线下的配合，如引导线上消费者到实体店使用、体验等，以便让他们实实在在地看得到、摸得着。

因此，实体经营者在做线上促销时，不要忘了线下的配合。最常规的做法就是配合一些线下活动，当线下活动足够新颖、吸引人时，会大大强化线上的宣传效果。

案例分享2

某互联网金融公司新上市的一款产品，不但在微信公众平台上发起了宣传，而且还在一个特殊的节日——互联网金融博览会上举办了多场线下活动，以吸引更多消费者参与进来。期间，公司先后组织了多场现场体验活动，同时在每个活动场地都立有一个醒目的二维码，供现场消费者扫描，以打通与线上的渠道。

当消费者通过二维码进入公众号之后，系统就会引导参与者完成操作，使其关注更多信息，参与更多的活动。参与者根据提示一步步操作，完成后即可获得相应的奖励或奖品，如图6-3所示。

图6-3　线下节日O2O营销活动

线下活动一方面是为了促销产品，另一方面则是希望能够与线上促销形成一个完整的闭环，完善用户体验。对于实体店来讲，利用O2O进行营销时搞好线下活动尤为重要，因为，线下产品便于消费者进行更好的体验和切身感受。很多商家做线下促销似乎完全是一种噱头，一味地追求高大上，看节目、凑热闹、做游戏。结果观众成了看客，活动一结束甚至连产品的名字都没搞清楚。

店主学堂

做好线下营销活动，有以下6个事项是必须要注意的。

（1）根据节日确定促销主题

促销活动首先需要有一个明确的主题，主题明确会让消费者知道自己参与活动的目的，以便实现与组织方更有效的互动。因此，确定促销主题必须尽可能地体现品牌价值、产品特色，同时结合目标消费群体需求和心理特征。

（2）促销方案要有创意

很多线下促销活动无法吸引消费者的原因在于活动创意不够。没有创意的促销活动就如没有灵魂的肉体，起不到丝毫的促销作用。要想使促销活动达到好的效果，最重要的任务是设计出一个富有创意的活动。

（3）做好信息发布

在活动策划好的前提下，就要想办法将信息快速传播出去，通过社会化媒体或者线下展示发布活动信息，吸引大量粉丝的注意力，并引导他们参与活动。

（4）现场展示

线下促销最关键的是做好"现场"，也就是说要让消费者时刻看到所宣传的产品，或者是与宣传产品相关的东西，能给消费者留下最直观的印象。展板、展具、产品模型、陈列架、电视、录像机、录像带等，这些都是产品展示的必要工具。

（5）营造现场氛围

线下节日促销最重要的是把氛围搞起来，从现场布置、广告宣传，以及方案的策划都要围绕活动主题进行，这些会在很大程度上刺激消费者的购买欲望。

影响氛围的因素应该包括两大部分：一是现场氛围，比如，海报、产品宣传资料、活动宣传资料、POP广告、礼品、宣传音乐等；另一种氛围是现场的促销人员和工作人员要有统一的促销服装，行为举止要标准化，这与组织者能否充分调动员工的积极性、参与度有关。

（6）做好从线下到线上的引流工作

这是活动的重点，也是最关键的一点，搞线下活动的主要目的就是打通与线上的渠道。要将线下的消费者成功引流到线上，如微信公众号、App等，就需要线下活动准备多条线上入口，如关注公众号、扫二维码、下载App等。运用最多的是二维码，简便快捷，被大多数消费者所喜欢。

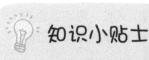

假日营销是非常时期采取的一种非常促销手段，与其他营销方式有着很大的区别，往往呈现出集中性、突发性、反常性和规模性等特点。利用好这些特点并策划好促销方案是做好节假日线下促销的关键。

6.2.1 元旦线下促销方案——案例：送美金活动

案例分享3

2016年元旦前，杭州市某服装店出现了火爆的抢购"热潮"。他们究竟卖的是什么衣服，竟能让众人冒着严寒去抢购？其实，这正是该女装品牌店为"迎元旦"而精心设计的促销活动"美在元旦 买衣服 送美元"。凡消费者购买这个品牌的女装，就能得到美元作为回馈。满500元即可获得20美元。

这是目前为止，整个杭州服装店铺从未出现过的促销方式。在常人眼中每年元旦的产品促销，无非是搞些应景活动，打折、赠送这样的传统手段，比如"买一赠一""消费满100元，立减20元"等，这些优惠

> 大家司空见惯，对消费者的吸引力也并不大。
>
> 而该店的送美元活动就像瞬间爆发的原子弹，释放出巨大的能量，吸引了众多消费者纷纷上门参与。

案例中的这家女装店通过"送美元"提高了销量，大家可以思考一下，为什么送美元就要比送人民币效果好得多？

这里有两方面的因素：一方面是消费者能得到实实在在的好处。20美元相当于人民币130元，这种实惠对于购买者而言在任何时候都是莫大的吸引。同时，有许多人会想在自己的钱包中放张美元也是件稀罕事，出于好奇的心理也会进店看看，从而提升了这家女装店的进店率，同时又提升了成交率。

该店这次送美元促销的成功之处原因在于"新奇"。要说实惠，这与直接打八折相当，可消费者就像着了魔一样地认可。关键还在于能给消费者造成强烈的心理冲击。比如，消费者回到家或者办公室，有可能跟家人、亲戚或者同事讲这件"稀奇事"，炫耀一下拿到手的"美元"，或者希望下次再来到这个店铺时，可能得到英镑或澳元等其他货币。

推而广之，这种方法值得效仿，每当一个节假日来临便可打造以"送"为主的促销活动。如元宵节"美在元宵 买元宵 送美元"；秋装上市了，"美在金秋 买衣服 送美金"；季初送一美金；季末力度大送二十美金。美元送完了，还可以试试韩元、英镑的效果。

其实，无论"送美元"还是"送韩元""送英镑"，其中的精髓是一样的。这种方式之所以吸引人，正是由于赠品对消费者心理产生了一种触动和震撼。因此，做赠品促销时采用什么方式，赠什么并不重要，重要的是要赠出新意、赠出个性。

6.2.2 春节创新促销方案——案例：给消费者发红包

> **案例分享4**
>
> 在奥克斯空调的促销政策中，便突出了情感营销，以"过年回家买台空调孝敬咱爸妈！"为主题，购悦系列空调就能获赠千元豪礼。奥克斯

空调的这次促销活动从2014年1月15日开始,到2014年2月16日结束,持续整整一个月,活动包括凡在外务工人员凭车票购买空调,折扣200元(省内车票不享受,特价机票除外)。

奥克斯空调还在春节结婚高峰期为新婚人群送上恭喜发财、万事如意、马到成功三大套餐红包,每款均有大礼相赠。

春节期间中国人有备年货的风俗,本就是消费的旺季,如果辅以有效的促销,生意一定能红红火火。

红包象征着好运、喜庆、吉利,春节期间分发红包是我国长期形成的一种传统。人们对红包也是有着特殊的感情,长辈疼爱晚辈、晚辈孝敬长辈、公司奖励员工、朋友之间互赠友好等,都可以以红包的形式来表达。

春节前后的促销活动,卖家如果能以"红包"为突破口,策划一个有创意的方案,定能踏进消费者的心坎,提升购物热情。

6.2.3 情人节创新促销方案——案例:给玫瑰花找个伴

案例分享5

情人节临近,某花店打出这样的促销语:"情人结套住情人节,天天都是情人节"。如此富含深意的祝福语,不但寓意着情人节的浪漫和喜庆,还赋予了新的含义:执着和久远。

那么,这个创意从何而来呢?原来,该公司策划人员发现当时中国正流行着一种手工艺品:中国结。深深的红色,代表着中华民族深刻的文化内涵,寓意富贵和吉祥。中国结受到年轻人的广泛喜爱,如果同情人节巧妙结合,应该是一个不错的载体。

于是,该公司迅速联系厂家,开发出了一个新型的情人节礼物——情人结。为了满足不同年龄、处于不同阶段的恋人,还对礼物进行了系列化,比如,缘分结、牵手结、同心结、幸福结。每种"情人结"配有不同数额的玫瑰花,1枝代表一心一意;3支代表我爱你;9支代表天长地久……虽然这些寓意早已有之,但由于之前的铺垫工作做得好,情侣们也被这浓浓的气氛所包围,欣然购买。甚至有些中年夫妻、老年夫妻也加入到了购买行列,为的就是留一份纪念。

同时,配有时尚、高档的包装盒,一改以往简单、质朴的形象。

案例中这家店铺在情人节促销中,善于变化、把握趋势,在保留情人节原汁原味的基础上,加入了时下最流行的"中国结",创新性地发明了情人节礼物——"情人结"。"结"与"节"谐音,为中国结与情人节结合找到了很好的切入点,不但显得更有中国味道,更富贵、吉祥、喜庆,还利于保存,可留作纪念。

情人节送礼,玫瑰花、巧克力似乎已经成了相对固定的礼物,一提到情人节总少不了这两种东西。但是对于卖家来说,如果永远在玫瑰花、巧克力上做文章就显得过于俗套了。换句话说,一定要加入新鲜的元素,或者丰富产品种类,与玫瑰花组合,使情人节别有一番风味。

6.2.4 六一创新促销方案——案例:关注孩子的心灵成长

案例分享6

在"六一"儿童节期间,某商场举办了"六一我当家"的促销活动。活动分为两大部分。

第一部分为资格选拔赛阶段,即根据消费积分领取小当家活动券,获取参赛资格。活动时间为5月21—31日。当日购物满200元,或购买儿童用品满100元均可凭票领取一张"小当家活动券",填写参赛资格信息表。每天前10名获取参赛资格,100名满额;凭票参加6月1—2日的活动。

第二部分为参加正赛阶段,6月1—2日期间,每天分为上午、下午两个时间段,上午9:00—12:00;下午13:30—15:30。

促销活动具体流程如下:

① 商场划出一部分购物区作为活动区,购物区内所有的产品均作为参赛品。每位小选手由一名工作人员陪同入场。

②入场后在半小时之内可以自由挑选喜欢的东西，确定购买后，工作人员填写相应的购物卡（品名、货号、单价、实际价格、折扣率、实际支付等）。每个人只能选择十件产品，选货完毕或时间一到，工作人员必须带领小选手离开活动区，将购物卡交由家长。

③家长在拿到购物卡之后，可再次进入活动区进行挑选，如家长最终买下了购物卡上所注的产品，工作人员则会在相应的购买卡一栏作上标记，并要其签字。

最后按照一定的规则评选出最和谐家庭奖、最有眼光奖、最佳小当家奖。

最有眼光奖：5名，奖金500元，评选标准：按购物实际金额高低依次评选。

最和谐家庭奖：5名，奖金1000元；评选标准：在购物金额的基础上，按照购买成功率依次评选。

最佳小当家奖：1名，奖金3000元，评选标准：购买金额、购买成功率两项最高者当选。

每个孩子都希望自己快快长大，潜意识里希望脱离父母，独立想一个问题，做一件事情。"六一我当家"活动正迎合了孩子的这一心理特点，因此深受孩子的喜欢，孩子喜欢了父母也就会支持。

儿童节是孩子的节日，尽管目标消费群体是父母，但首先要能吸引孩子。因此，促销活动主题必须围绕孩子们进行，针对这一年龄段特殊的心理、生理特点，要把握活动的大方向，轻松、快乐、活泼；在满足产品适用性的同时，还要符合儿童的审美情趣，有助于孩子的心灵成长。

6.2.5 十一创新促销方案——案例：国庆长假三重好礼

案例分享7

箭牌卫浴是率先获得"中国名牌"荣誉的品牌，"中国名牌"是国家授予中国店铺最高级别的荣誉，此次促销正是以"荣誉"为切入点，

> 突出"率先荣获"这一信息。而且国庆作为国家高级别的庆典，也是一种荣誉。两者在同一时间出现，显得更有意义，更容易巩固和提升箭牌卫浴在业内的品牌地位。
>
> 同时，黄金周又是一年一度的消费高潮，双重切入点是促销得以成功的保证。
>
> 具体方案为：
>
> 活动时间：9月25日至10月7日
>
> 活动主题：箭牌荣获中国名牌及国庆促销信息
>
> 活动方式：多种方式同时进行（各地经销商因地制宜选择合适的媒介）
>
> ① 网络、报纸宣传（9月25日至9月30日）。
>
> ② 店内促销、卖场折扣、好礼相送（10月1日至10月7日）。
>
> ③ 组织促销活动，终端展示（10月1日至10月3日）。

在国庆搞促销，最大的特点是要体现出荣誉和献礼，当然也要紧紧围绕所促销的产品进行。

该促销方案的创新之处在于，将"中国名牌"及"国庆促销"的信息加以放大，体现出"国家荣誉""国庆献礼"的概念。"国庆献礼"同样也包含了两层含义：一是箭牌获得荣誉后对广大消费者的倾情回馈；二是箭牌热烈庆祝所获得的荣誉及国庆大典。

从这两个层面去理解，该方案可谓是将箭牌的形象提升到了一个代表中国的高度。

还有一点，国家规定国庆有7天的法定假日，由于假期时间较长，促销活动持续时间可以更长。绝不仅仅一个黄金周，仗着国庆的余热足足可以持续开展8～10天，甚至15天。这无形中就对策划者提出了更高的要求，一要保证活动如何在十多天的时间里保质保量，持续吸引消费者光顾；二要兼顾卖家的成本开支，成本与利润永远是此消彼长的关系，如果成本过高，促销也就失去了最终的意义。

6.2.6 "三八妇女节"创新促销方案——案例：做好男人文章

案例分享8

某美容院策划了主题为"让您美丽，让您的男人心动"的促销活动，不仅吸引了女性消费者，同时也令很多的男性消费者参与其中。

具体方案为：在1个月左右的时间内，在xxx美容院消费满280元即可赢得各类奖品。要想赢得各类奖品，此中有上计，更有上上计，就看你有没有弃小博大的妙计。

上计：凭消费凭证赠高档美白润肤露1支。

上上计：弃小博大，放弃赠品，参加美容院举办的刮卡抽奖活动，给男人心动的惊喜。奖品设有电动剃须刀、袖珍收音机及照相机等。

案例点评：

这是"赠品"与"抽奖"二选一的模式，让消费者在"上计"与"上上计"中做出选择。这种心理暗示的手法，有可能使消费者产生当然应该参加抽奖的潜意识，整个活动设计充满了刺激性、挑战性。值得注意的是，在采用这种"赠品"与"刮卡"二选一的做法时，必须在确保能得到供货企业或生产厂家的支持与协助才能开展。

"三八妇女节"是女人的节日，有人将此比作男人的"劫日"，这是因为现在女人逛街、购物都爱带着自己的男人，言外之意是"我花钱，你付账"。基于这种现象，在做三八妇女节促销时，与其竭尽脑汁"讨好"女人，不如多多关注她身边的男人，只要男人关注活动了，那促销也就成功了一半。

女性的消费心理往往难以琢磨，但是她背后的男性消费心理却很明确——"为她服务"，更何况是在她的节日里。因此，要想为"她"服务，只需搞懂"他"的心理世界，做好男人文章是对女性进行营销的关键。

6.2.7 端午创新促销方案——案例:"粽"是有礼

> **案例分享9**
>
> 正值端午节,位于大学城附近的一家汉堡包店,决定借此机会举办一次有特色的端午节促销活动,扩大西餐在学生中的影响。
>
> 活动主题为"粽里寻堡":即制作粽子大小的汉堡包,将汉堡包放在真正的粽子之中,并做成粽子的样子。参赛选手只能通过看和闻来寻找其中的汉堡包,找出数量越多的选手获得的礼品越丰厚,全部正确的选手还可获得特别奖。
>
> 具体要求:
>
> ① 每组20个样品粽子,其中包含10个真正的粽子和10个包有汉堡包的粽子。混合放在一起,按顺序编号,请参赛选手找出其中的汉堡包。
>
> ② 挑选的过程只能通过眼睛和鼻子来观察状态,分辨气味。
>
> ③ 每轮限时1分钟,每次3名参赛选手进行比赛。
>
> ④ 1分钟之后,选手将粽子的编号写在参赛卡上,并交给主办方。
>
> ⑤ 公布获奖名单和颁发奖品,以折扣券和小礼品为主。
>
> ⑥ 有消费需求的消费者领取一定额度的折扣券,折扣券可在当天或活动期间任一天当作现金消费;没有购买需求的消费者即可获得小礼品。

端午节作为中国的传统节日,已经深入每个国人的内心(类似的还有中秋节)。这恰好是卖家回馈老消费者、开发新消费者的良机,因此,卖家应充分利用这些特殊的节日进行促销,加深与消费者的感情交流,扩大品牌效应。

端午节是我国中华民族传统节日中非常有特色的一个,通常融娱乐性、爱国性、参与性于一体,因此无论采用哪种形式的活动,一定要把氛围搞起来。

一般来讲,需要符合以下3个原则。

① 特色性 端午节促销活动一定要体现出端午的特色。"粽子"是端午节的招牌,因此店铺在做促销时应紧紧围绕"粽子",万变不离其"粽"。相关的活动有包粽子、吃粽子、做香袋、悬挂菖蒲或艾草、佩香囊、赛龙舟、

击球、荡秋千、给小孩涂雄黄、饮用雄黄酒、吃咸蛋、吃时令鲜果等。

② 互动性　以往很多卖家搞促销都习惯从"产品"本身出发，其实恰恰相反，而应该从"节日"本身出发。一方面，可以增强节日气氛对消费者的感染性；另一方面，可大大增加卖家与消费者的互动性，让消费者主动动手，主动参与活动。

试想一下，"赠送"粽子和现场"包"粽子，效果哪一个好？尽管最终的结果都是让消费者拥有粽子。但现场包粽子更有互动性、参与性，能让消费者亲身体验端午味道，也就更容易获得消费者的青睐。

③ 欣赏性　要想更好地吸引消费者，还在于活动项目的选择上，这是节假日促销的共性。也就是说，只有举办的活动有趣味性、新鲜感，才能促使消费者自觉地想去参与活动。这需要承办者在活动项目的选择上，经过严密的审核，根据参与活动的目标人群，进行详尽的分析和预判。

6.2.8　父（母）亲节创意方案——案例：送礼不如送健康

案例分享10

非典期间，出于防非需要，空调市场深受连累，格力空调在山东全省的销售严重受阻，销量锐减。这年母亲节期间，格力总部决定利用这个人情味特浓的日子搞一次大促销。

经过非典事件，"健康"一夜之间成为街头巷尾议论的话题，人们对健康也有了更深、更清醒的认识。于是，一个主题为"我为母亲送健康""买空调送健康保险"的促销方案立马出台。方案规定，凡活动期间（5月11—18日），在指定的经销处购买任一款格力空调的前10名消费者，除享受赠品、抽奖外，均可获得两份总价为6000元保额的健康保险。

买空调送健康保险在山东空调界促销活动中还没有过，格力空调是第一家，具有良好的首轮效应。活动一经推出，全省引起强烈反响，销售场面异常火爆。据统计，活动期间全省销量突破15000台，创历史最好成绩。至此，格力再次成为市场的亮点。

人世间，亲情是最能打动人心的，子女对父母最大的期望就是一生平安健康。更何况是在非典这个特殊的大环境下。格力应时推出"买空调送健康保险"的促销活动，既能够树立格力良好的品牌形象，又充分体现出对广大消费者的人文关怀和亲情关爱。

对于父（母）亲节促销来说，如果能做到"以物载情，以情动人"就算是找对了方向。那么，用什么来承载对母亲的关爱祝福呢？优惠？旅游？抽奖？老一套思路已经行不通了。当前老人最关注的是什么？是健康和养生。随着生活质量的提高，大多数老人都十分关注自己的健康，因此，在促销中如果能抓住健康这根主线，就能大大吸引一批老人，以及关注老人健康的子女们。

值得一提的是，父（母）亲节促销活动面对的消费群体是老人及其子女们。活动主题应抓住情感线，通过表达对父母亲的关心、关爱，建立促销活动的基础。同时，以此为基础进行深挖掘，根据当时的客观实际找到一个合适的切入点，像上述案例中的健康，就运用得恰到好处，也是吸引消费者的最关键的原因。

第 7 章

O2O营销之心理策略：迎合消费者心理，也许更有效

消费者在线上消费时会出现很多不积极的心理活动，这些心理活动时刻阻碍着购买行为，这也是做好O2O营销必须重视起来的一点。其实，经营者不必对这些心理现象刻意回避，而是要巧妙运用、积极迎合。利用好反而会给消费者以正面的刺激，产生与心理主观想法相反的行为，促使其产生购买欲望。

7.1 我国线上消费者的消费心理

随着电子商务的日益发展，网上消费已经成为时代发展的必然趋势。然而，这种趋势对消费者网购心理的影响却是不同的，有的人非常倾向于网购，生活、日常学习、出行旅游等基本所需都在网上购买；有的人则相对保守，对网购持有各种异议，满意程度也非常有限。

消费者对网上消费的态度是不同的，对于实体经营者来讲必须明确地知道这些，并善于从营销的角度思考，找出应对之策，这对进一步开拓市场、迎接互联网时代的新挑战具有积极的意义。

同线下营销一样，了解消费者的网上消费心理有利于增加实体经营的收入，丰富吸引客户的方式和手段，促进与老客户的关系。因此，对于实体店经营者而言必须充分了解消费者的线上心理，并对消费者网上购买的动机进行分析，才能有针对性地开展市场营销活动。

> **案例分享1**
>
> 现在在很多超市中购物时大都可以看到两种情景：一种是消费者推着手推车逛，另一种是工作人员忙碌着打包水果、蔬菜、日用品等各种商品，与网购一样，这些都被放在统一的手提袋里，准备让配送员前来取走。
>
> 北京的京客隆超市就是其中一家，其实这是京客隆超市推出的一项便民服务：送货上门，目的是为了兼顾无暇逛超市的部分消费者的需求。京客隆App于2015年11月18日正式上线，届时，北京市全市大、中型连锁门店全部实现线上购买、线下送货。消费者只要下载这款App，就可以在家中、办公室等任何地方随时下单，选择好购买的商品后，超市配送员就会在约定的时间送货上门。消费者通过App上的电子钱包付款，还可享受一定的优惠。

网购时代，各大实体店为迎合网购消费者的需求，纷纷采取各种措施抢占线上市场。除京客隆之外，还有很多超市提供了送货上门服务，物美、美廉美、超市发、家乐福等要么开超市微店，要么开通App，目的就是方便消费者网上下单，享受更多的便捷服务。

店主学堂

通常来讲,消费者在网上消费时会表现出以下5种心理。

(1)求廉心理

这是一种少花钱多办事的心理,其核心是追求廉价。这类消费者在选购产品时,往往要对同类产品的差异进行仔细的比较,还喜欢选购折价或处理产品。只要价格低廉,其他一切都不太在意。具有这种心理动机的人以经济收入较低者为多,当然,也有经济收入较高而节约成习惯的人,精打细算尽量少花钱。

值得注意的是,有这种心理的人往往不单单贪图价格低廉,还对价值的高期望,即所谓的物美价廉,因此如果只有价廉而没有物美也很难真正吸引消费者。

(2)求实心理

这是一种出于信任而购买某种产品为主要特征的购买动机。消费者从经验或印象出发,对某种产品、某个厂家、某家商店、某个售货员等产生特殊的好感,信任备至。线上消费者更容易形成这种心理,当对某个店、某个品牌产生依赖之后,便会情不自禁地产生持续消费行为。

具有这种动机的消费者是商家最忠实的支持者,他们不仅经常光顾,而且会在其他消费者中起宣传、影响作用。商家应当在自己的经营中努力培养消费者的惠顾动机,不断争取更多的固定购买者。

(3)犹豫心理

这是一种瞻前顾后的购物心理,其核心是怕上当吃亏。这类消费者在选购产品时往往对产品质量、性能、功效持怀疑态度,怕不好使用,怕上当受骗,满脑子疑虑。因此反复向卖家询问,仔细地检查产品,并非常关心售后服务工作,直到心中的疑虑被解除后才肯掏钱购买。

(4)追求个性化心理

消费品市场发展到今天,很多产品不是只具有实用价值就够了,更需要体现消费者个体的自身价值,去满足消费者的个性化消费。这类消费者在购买物品时重视时髦、奇特和"潮流",他们希望在网上购物来满足追求个性化的心理。

(5)拖延心理

有这种心理的人,总是喜欢"再看一看,再等一等,明天再看看"。

这类消费者对欲购的商品有一定的需求，但并不强烈。这种心理的形成是多层面的，也许是对价格的不满，希望获得更多优惠；也许是对款式、样式要求较高，等待新款上市；也许是在其他方面还有所期待。总之，这类拖延是"善意"的，不是对产品的不认可，相反是要求更高，希望获得更好的产品和服务。

知识小贴士

营销学认为，消费者的购买行为是购买心理的直接体现，有什么样的消费心理就会产生什么样的消费行为。因此，经营者要懂得，并会科学分析线上消费者的心理，根据这些心理特征制订相应的营销方式和策略。

7.2 应对求廉、求实心理——加价购

我们经常会看到这样的促销广告："第二份半价""买一赠一"，这是传统促销中最重要、最常规的方法之一。不可否认，这样的方法可以大大刺激消费者的购买积极性，激发潜在的欲望。毕竟很多人易受"低价"的驱动，即使暂时不需要也会去买。

将这种方法用在线上营销效果也非常好，因为对于很多人来讲，选择线上购物很大的一个原因就是价格优势，因此，应该坚持在价格上做文章。但不宜直接降价，这时不妨换种思路去想，不谈价格谈价值，即传统做法虽然是降价但价值不会改变。如果在降价的同时增加产品的价值，更容易让消费者产生"值得购买"的心理。

这种方式就是加价购，加价购是指通过加价购买的产品刺激，增加销售数量，如"只需加×元就可以获得价值××元的×××"。采用这种促销方式的例子非常多，最典型的是京东商城。

第7章 O2O营销之心理策略：迎合消费者心理，也许更有效

> **案例分享2**
>
> 京东加价购是京东商城为了促销产品而进行的一种促销手段。也就是说在原来购买的基础上，只要再少增加一部分费用就可以购得原价比较高的产品。举个例子：自己要买一台笔记本电脑，原价4000元。加价购提示"满299元，再增加99元就可以买原价400元的榨汁机"，如图7-1所示。
>
>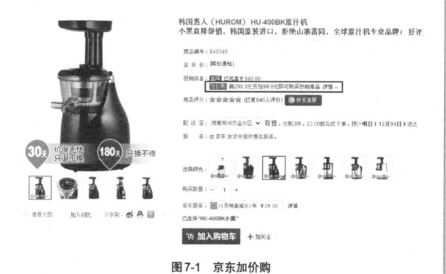
>
> 图7-1 京东加价购

有人会质疑，有求廉、求实心理的消费者本身最在意的就是低价，可当商家提价后为什么会更愿意购买呢？这就是因为价值的原因，加价购买的产品往往都是热销品，价值很大，价值与所加的那部分价格相比性价比更高。比如，一个榨汁机加价购后只需要99元，但如果单买该产品可能要支付400元。这就是第二件加价购的优势所在，以价值与价格相比，充分调动消费者的求廉心理。

人的心理通常是最难琢磨的，看似越不符合常理，越有存在的道理，这也是一种逆反心理。在消费领域中同样存在，特定的时间、特定的环境下，消费者受某种因素的刺激，如产品本身的优势较大，或通过广告宣传、卖家采用的促销手段等的刺激就会产生逆反心理。这种刺激一旦超过了消费者所能承受的限度，就会引起相反的心理现象，产生逆反心理及其相应的行为。

消费者的逆反心理在消费时的变化轨迹,如图7-2所示。

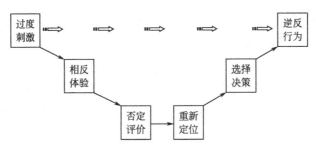

图7-2　消费者逆反心理下的购买行为

实体店经营者要能精准把握消费者的这一心理变化,适时地采取相应的促销策略,迎合消费者的逆反心理,最大限度地满足消费者的需求。不过,加价购这种方式也不是万能的,它的使用是特定的,需要满足一定的条件,同时也要注意加价的技巧。

店主学堂

（1）加价原因

为什么要加价？这是运营人员首先必须明确的一个问题。一般来讲,是因为同行之间价格战比较利好,产品同质化现象比较严重。这时,为了取得竞争的优势,突出差异化而采取的一种应急之策。试想,大家都在卖一样的东西,如果能让自己的产品有不一样的地方,自然会很容易脱颖而出。

（2）加价时机

加价与促销活动的生命周期有关,通常是根据促销活动所处的不同阶段来划分,如市场刚起步时、市场成熟时以及开始回落时。

① 在市场刚刚起步时,一开始就"加价",很多人不赞成这样做。其实这个时候的"加价"不是单纯地提高价格,而是一系列动作中的一个,目的是为后期的细分市场打基础,以便确定自己的不可替代性,找到属于自己的立足之地。

② 在市场成熟的时候加价,这个阶段的加价可配合一些新的东西,比如,更有利的附属品、更新颖的服务等,为的是利润最大化。

③ 第三个加价的时机是活动结束前,这时可及时补充新的素材,目的是强化促销,延缓降价。

（3）加价的方法

方法其实上面都有过体现，这里小结一下。

① 包装差异化，从差异化介入，体现不同。如一些商家会注明"不是普通×××"，这是一种最简单的把自己跟别人分开的方法。换句话说，跟别人一样混在价格战的泥潭里，那可能很久都不会被关注到。

② 没有差异化的包装概念就创造差异。一个家居的卖家曾经跟我交流，说他创造了很多概念，比如这个孔那个芯，什么太空棉、羽绒棉的。这其实都是营销概念，在自己的店里推，然后写很多特点，结果发现，很快别的卖家开始跟进，当别人都用这个概念玩的时候，他又有新的概念了。

③ 占领新的细分市场。加价，绝对不是"价格加上去"这么简单，而往往是一系列的动作，为的是通过价格差来开辟新的细分市场，然后占领。

④ 关注产品和行业趋势，适时推出新款和新版。这种方式不限于汽车行业，更不限于电子产品，很多服装更加适合此方式，小改款的推出和适当推广，对稳定客流有很大的帮助。

（4）加价的幅度。"可感知的价格差"，是指让消费者能够刚好觉得价格确实有差异的价格差。这是一种"心里价差"，比如对买LV包的人来说，便宜50元，对他来说很可能没有感觉，同样贵50元也没有感觉，这就是"不可感知的价格差"。每种产品对自己的消费者而言，都有可感知的价格范围，比如餐厅的一道毛血旺，原来38元，后来涨到39元了，人们没感觉，再后来涨到42元了，这时很多人都会说怎么涨了这么多。也就是说，必须找到合理的价格范围，然后加到刚好能感觉到价格有差距的那个点。

知识小贴士

若想在激烈的市场竞争中脱颖而出，有必要适当地了解、掌握消费者的求廉心理，了解其特点及活动规律，根据不同的逆反行为采取相应的促销策略。

7.3 应对差异化心理——细分市场

随着人们生活和消费水平的提高，人们的消费观念已经开始向多样化方向发展，消费者更多的是追求品质、品位、时尚、身份、归属感等因素，因此对产品的差异化要求也日益突出，可以说，"独立思考、理性消费"的消费观念使差异化消费应运而生。

人的需求具有很大的差异性，因此当今的产品专业化、细分化趋势也越来越强烈。只针对一小部分特殊的消费群体的实体经营也层出不穷，比如，近几年出现的专为"白领男"服务的理发店、专为80后男女开的餐厅等。因其独特的经营理念、个性化的服务符合了部分人群的特定需求，反而成为能代表某一特定群体的标识。

这是一个个性释放的时代，随着消费者需求层次的不断提高，人们的消费观念正在发生巨大的变化。再加上，随着日益激烈的市场竞争，消费者在品种繁多的产品中选择的余地也大大拓展，从而为培育个性市场、个性消费提供了更多的条件。消费者已经不再局限于产品的质量和附加价值等物质形式，更倾向于拥有产品之外的个性部分、品味以及所带来的精神享受。

> **案例分享3**
>
> 建厂之初的娃哈哈，一无资金，二无设备，三无技术力量，强调最多的就是找准自己的目标消费者。当时，通过对全国营养液市场的一番调查分析发现：国内生产的营养液多达38种，但基本上都是针对老年人的，唯独没有一款儿童专用产品。同时，这个空白市场潜在的消费者有3亿，即使是1/10是有效消费者也高达3000万。于是娃哈哈便做出了这样的决策：与其生产第39种全能型营养液，还不如生产第一种儿童专用营养液。从此，娃哈哈选择了儿童专用营养液这个细分市场作为目标市场，并制订了一套营销组合策略，如娃哈哈推出的系列产品，果奶、八宝粥系列都在儿童市场有着良好的口碑。此外，还有乳饮料、茶饮料、碳酸饮料等，都是以组合的形式出现，便于满足不同需求的消费者。

对于规模普通的店铺来说，一般在资金、设备、技术上都比较薄弱，唯一可充分发挥作用的资源就是瞄准目标市场，对市场进行细分、定位。

从营销学角度出发，细分市场是为满足不同消费需求，根据构成总体市场的消费特点、购买行为、购买习惯，将某一产品市场划分为若干个小市场的行为。每个小市场都有相类似的消费群体，细分市场可针对不同的小市场实施相应的促销策略。

在这个阶段，作为实体经营者必须明确地知道无论多么努力，同一种产品和服务都无法满足小众的差异化需求。差异化体现了稀有、独特的情感表述，创造最大的消费者价值，从而增加了服务黏性。

经营任何店铺，唯一能保证业绩的就是确定目标市场，精准地抓住消费群体。而在消费市场日趋饱和的大环境下，取得突破是何等困难。这就需要经营者善于分析市场、细分市场，从细分市场中找到机遇，这才是提升店铺效益非常有效的途径。

💡 店主学堂

那么，店主如何对已有的市场进行细分呢？一般来讲，可按照以下流程进行，如图7-3所示。

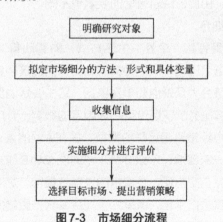

图7-3 市场细分流程

在明确了细分流程之后，也需要掌握一定的方法，根据不同的标准，结合实际情况进行划分。具体的划分标准有如下4个。

（1）按消费群体特征细分

按消费群体特征细分，是根据消费者的年龄、性别、家庭人数、生命周期、收入、职业、教育、宗教、民族、国籍、社会阶层等人口统计因素，将市场细分为若干小市场。

比如，服装市场按照"年龄"可以分出七个细分市场：童装市场，青年男装、青年女装市场、中年男装、中年女装市场、老年男装、老年女装市场；按照"性别"特征可分为男装市场和女装市场两个市场。不同类型的人群，其需求是不同的，只有瞄准消费者的需求特征，才能有针对性地提供相应的产品和服务。

（2）按地域细分

按地理状况细分，就是根据不同的地域特征，比如，行政区域（省、市、县），方位（东部、西部、南方、北方），地理特征（山区、平原、高原、湖区、沙漠），经济发展情况（城市、农村）等，将市场细分为若干小市场。

地理因素影响消费者的需求和反应。由于各地区气候条件、交通条件、传统文化、经济发展水平不同，不同地区的消费群体会形成不同的消费习惯和偏好。比如，在饮食上，生活在不同区域的人就有很大差异，也由此形成了粤菜、川菜、鲁菜等著名菜系。又比如，我国不同地区的人洗浴习惯各不相同，由此形成对香皂的要求也不同。

（3）按心理细分

消费者由于受性格、个性、生活方式、购买动机、价值取向等的影响，对产品或服务会出现不同的钟情或偏爱，而且这种偏爱通常仅仅是一种个人观点，不符合大众观点和事实依据。这主要是消费者自身的心理因素所致，对产品或服务的认可度受心理因素的影响十分广泛。

在日常生活中经常看到这样的情景：住在A地的人，因强烈偏好B地的一家发廊，或一家餐馆，宁愿开两个小时的车到B地去理发或就餐，事实上在她家附近就有更方便、更便宜的发廊或餐馆。之所以很多人宁愿多花时间、多花金钱舍近求远，就是为了让头发获得更好的服务，或对口感好的美食有强烈的心理偏好，并执著地认为自己就是对的。

（4）按行为细分

与第三种分类方法相反，这种方法主要是针对产品和服务本身而言的。根据消费者对品牌的了解程度、忠诚程度、使用情况及其评价，可以将消费者分为不同的群体。许多营销人员认为行为变数是市场细分的最佳起点。大多数消费者对自己熟悉的、习惯的、有良好反映的品牌和产品有着更多的信任和好感。

比如，有人总在这条街上购买日常用品，而在那条街上的干洗店洗衣物，至于修鞋子，也许就会跑到另外一条街。

明确了市场细分的流程、方法之后，至少可以从中得到两条启发：一是学会不同的市场细分方法，找到适合自己店铺发展的路子，满足消费者的不同需求；二是掌握消费者的消费特点，把握消费趋势，从而更好地调整店铺的营销策略。

知识小贴士

消费需求的多样性和差异化，符合当前大多数消费者的消费心理，同时也是对市场进行细分的前提。因此，也可以这样断定，在店铺经营过程中，着重瞄准某一小市场、某一特定消费群体，也是未来发展的必然趋势。

7.4 应对个性化心理——挖掘独特性

消费需求的差异化决定了消费的个性化，消费的个性化决定了产品必须具有个性。所谓个性化，通俗点说就是所购买的产品必须具有某个独特的个性或者某种独特的价值，以与消费者的志趣、心情、价值观相符合。

为什么很多人都爱买苹果手机，而且还要买最新款呢？这不仅是因为其质量好、技术新、外观清新脱俗，如果论质量、技术创新，三星一点也不逊色，最关键就在于苹果有它的"个性"所在，总是能适应潮流、引领时尚，最先抓住消费者的心。

新零售：
实体店O2O营销与运营实战

> **案例分享4**
>
> 苹果公司十分注重手机的个性化，每一代产品都会有所不同，不但深受消费者欢迎，也成为其他品牌纷纷效仿的对象。正是"苹果"给自己贴上了一个"个性化"标签，才能在全球市场屡屡刮起畅销风。目前的电子产品已被高度同质化，但是即便在这样的环境下，苹果公司还是推出了多款"首个"产品，进一步对电子产品进行着细分。不断地追求进步，不断地引领市场推出新品，使苹果免遭特别细分带来的风险。
>
> 富有个性标签的苹果手机如图7-4所示。
>
>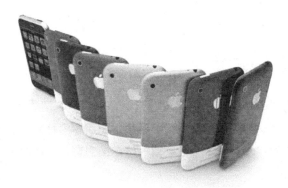
>
> 图7-4　富有个性标签的苹果手机

店主学堂

如何来体现产品的个性，可以从以下3个方面入手。

（1）产品定位要独特

挖掘产品独特的东西，最大限度地体现产品个性，可以在消费者心中形成一个特定的印象。比如，消费者对产品的功能、性能、包装、价格等有一个区别于其他同类产品的深刻记忆。这个差别性的记忆往往是吸引粉丝的重要因素，以加深产品在消费者心中的印象。产品个性定位的成功与否，直接关系着产品竞争力的强弱。

（2）产品传播方式要独特

产品传播的个性化，通常以广告的形式进行。消费者通过宣传广告在心中对产品形成一个独特的形象，比如，一些以大学生为目标消费群体的产品在确定其传播策略时，会集中选择一个品牌形象代言人。这个品牌形象代言人既能体现产品的个性，又能被青年学生所接受，很好地将产品和消费者结合起来。它实际上就是将品牌的个性特征展现在消费者面前。

消费者的每一次消费行为实际上都是对某一特定角色形象的自我心理体验，而这种角色的自我感受和体验也正是消费者采取消费行为的目的之一。从这个角度来讲，树立产品传播方面的个性对带动消费者的消费具有很大的促进作用。

（3）品牌文化要独特

品牌文化是产品的灵魂，是生产者、销售者经营观、价值观的体现。因此，店铺在促销某种产品的过程中一定要塑造、建立产品的品牌文化，以便在消费者心中建立起接近该种文化的一种途径，被消费者真正理解和接受。

但是，所谓的"个性"也要因物而异、因人而异。产品不同所针对的消费者不同，自然也就有了不同的涵义。当然了，万变不离其宗，其中肯定有规律可循。也就是说，只要遵循规律去做，就会做到满足绝大部分消费者的需求。

在突出产品个性化的同时，应结合以下两个原则进行。

（1）独特化：找到产品与大众产品不同的地方

俗话说，世界上没有完全相同的两片叶子，推销产品也一样，要善于挖掘产品独特的地方，让消费者清晰地看到所推销产品的独特之处。

推销产品要找到产品的独特之处，将其独特之处尽可能全面地展现出来以便吸引消费者的注意力，激发消费者的购买欲望。产品的优势是诱导消费者需求的重要因素，当消费者对产品不感兴趣时，就要想办法从产品本身入手，找到产品的优势所在，而且必须是该产品独一无二的、竞争对手所不具备的优势。

（2）差异化：找到产品自身具有而其他产品没有的独特之处

在这个越来越同质化的时代，人人都去模仿，甚至生搬硬套。相反，换一种思路突出差异化，用打破常规的方式进行销售往往可以起到更好的效果。

比如，在各大百货店的化妆品柜台前，绝大部分导购员都是年轻漂亮的女性，这已经成为化妆品销售的固定模式。然而，有一次我陪老婆逛百货店，发现某品牌化妆品柜台前是清一色的男性导购员，无论是外形还是气质都给人眼前一亮的感觉，一点也不输女性导购员。

> **知识小贴士**
>
> 产品的个性是针对消费者不同需求而言的，因此，产品在追求新、奇、特时不能盲目创新，而是要围绕消费者的需求，有什么样的需求就要挖掘相应的个性。否则，产品即使再有个性，也很难被消费者所接受。

7.5 应对犹豫心理——限量消费

限量促销，已经成为各大商家惯用的促销方法，也是最基本的促销模式。其目的是给消费者一种紧迫感，以促使消费者尽快购买。

"限量销售"的策略在促销中非常有效，其优势在于可以紧紧抓住消费者怕失去的心理。俗话说"物以稀为贵"，来得越容易、越唾手可得的东西，其吸引力越小，越难引起人们的关注。

目前，很多网购平台经常采用这种策略，如人人购、唯品会等，如图7-5所示。

图7-5 网购平台上的限量购买策略

> **案例分享5**
>
> 人人购网站有个奇怪的规定：网站的每个频道在一天不同的时间内，限时限量只限卖一种商品。很明显这是一种限量销售。限量销售，其实是利用大家已经形成的"物以稀为贵"的心理，来限制销售产品的数量，给消费者制造紧俏心理，促使消费者马上抢购。
>
> 唯品会同样也采用限量销售的策略，一款产品每天只放货几件或十几件，甚至仅有1件。这样一来，该款产品几乎天天处于紧俏、热卖的状态，每当刚刚上架便会遭到严阵以待的消费者哄抢，很多时候仅仅几秒的时间货架上就显示已售完。

可见，利用消费者的心理特点进行限量销售，故意制造产品供不应求的紧张局面，引导消费者信以为真，反而能促进销售。

同时，限量出售也迎合了消费者越来越追求高质量的消费习惯。目前，很多消费者过于追求高质量的产品，"限量"能打消消费者对产品质量的顾虑，因为有很多新产品刚刚问世就会有不法之徒伪造、仿制，而限量销售可大大避免这些。

店主学堂

对于店铺来说，也可以利用消费者的这些心理，来达到扩大产品销量、提高知名度的目的。消费领域"限量"可谓无处不在，但是具体运用上需要视情况而定，比如，消费品与奢侈品、收藏品领域所采用的限量策略肯定有所不同，同时不同消费者的消费心理也不同。

根据产品类型、购买群体及消费者的心理不同，限量促销可大致分为两种。

（1）基于贪图便宜、从众心理的非理性消费

限量促销很多时候是基于消费者非理性的行为，商家利用团购、特大优惠、广告宣传等手段，制造一种抢购气氛，目的就是让消费者以最快的速度去抢购免费或者大额折扣产品。当然，很多消费者的购买动机并非出自自己所需，常常带有消费者非理性的特点，与贪图便宜、从众心理密切相关。

新零售：
实体店O2O营销与运营实战

这类促销到处可见，如：北京奥运会期间，联想发布了2008台奥运纪念机型；可口可乐逢年过节都会推出"限量版"纪念瓶罐；售价高达108元一碗的康师傅私房牛肉面每天限量10碗；即使是像涪陵榨菜这样的大众食品，如今也采用限量销售，推出的限量版八年陈的榨菜，一包售价高达2200元。

（2）基于收藏、珍藏心理的理性消费

有的限量销售，卖家通过事先周密计划，为赢得大量订单，同时收获深度的广告传播效果，先利用一小部分产品在市场上试卖。对于这部分限量，我们经常会看到当产品具有很大的收藏价值，或者价格足够吸引人时，人们往往会选择采取突击购买。从这一角度上看，也可以称其为一种理性选择，比如，限量版的国际知名奢侈品牌，国家推出的限量版邮票、纪念币等。

对于这些非常有收藏、珍藏意义的产品而言，采用限量销售是再好不过的了，同时，也会成为天价的代名词。我们最常见的配有刺绣的GUCCI运动鞋全球仅有10双；Dior推出的用白金和钻石编制的限量版手袋价值2万美元。

限量促销，越来越与当下很多人的消费心理相吻合，况且对于一些消费者而言，完全是为了获得限量抢购带来的一种体验。对于这部分人而言暂时不论产品带来的回报，就体验带来的感受也成了受益的一部分，因此，限量对于产品层面的限制越来越少，无论是快速消费品，还是耐用经典品都可以玩转限量的概念。

知识小贴士

限量促销多数是短期行为，目的并不是真正提升销售、扩大销量，而是为品牌加分，通过跨界、联合等方式吸引人气。因此，从某种意义上讲，限量这种方式仅仅是一种技术手段，而且是在特定的环境中使用。如果企业把限量当成一种战略，前提是该产品的品牌号召力要够大，品牌忠诚度要高，粉丝数量要多。

7.6 应对拖延心理——限时消费

"限时购买"几乎成了销售界一种约定俗成的模式,是一种非常常用的营销策略。比如,很多消费者在商场经常看到这样的标语:"5月1日至5月3日期间,所有产品8折""国庆节期间,买家电送大礼",这都是"限时购买"的具体运用。

经常网购的人都知道,购物网上总会打出"秒杀""抢拍"等广告来促使消费者马上消费。同时,还规定在一定的时间内购买者即可获得价格上的优惠或者赠品。

案例分享6

比如,现在流行的拉手、美团等团购网站,如图7-6所示。

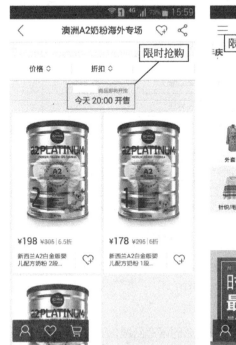

图7-6 网购平台上的限时抢购

实体店在开展线上促销活动时也可以运用这种方法,尤其是当消费者确实喜欢,而又因各种原因犹豫时,要学会运用"限定期限"法逼迫他们下决定,唤起他们内心害怕买不到的不安和恐惧。

这充分说明,利用限定期限能促使消费行为尽快达成。作为经营者,有时候必须大胆出击、出其不意,在促销的同时给消费者限定期限。这就像打仗向对方下最后通牒一样,往往能够戳破对方企图通过"拖延"来达到的目的。

店主学堂

限定期限,通常是有条件的,是在消费者故意采取拖延战术,或者商家已将优惠条件降低到了最低限度的情况下,不得不采取的一种特殊策略。第一要明确自己优势在哪里,别的竞争对手没有足够的力量与自己展开竞争。第二消费者对店铺十分信任,或者是有长期的合作关系,如果对方放弃,很可能没有更好的选择。

通常使用的是日期限定法,如图7-7所示。

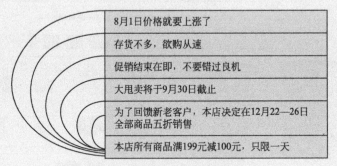

图7-7 通常情况下的日期限定法

这种方法可以促使消费者尽快决定购买,在进行限时抢购促销之前,一定要把握好时机,也可以配合线下进行。

(1) 时机的把握

时机的把握有两层含义,一是在什么时候适合做,二是抢购时间多长?

对于第一个问题,可以选择节假日、周末,特别是公司有大型促销活动的时候最好,如换季促销、周年庆、黄金消费周等时间。因为这时人流量比较大，容易营造比较好的限时抢购氛围。第二个是抢购时间长短的问题，按照常规做法，控制在0.5～1小时之内比较好，如果需要延长到一个比较长的时间，可以设置一个时间段进行。比如，为期一周的抢购活动，约定每天的晚上8:00—9:00之间，集中抢购。

时间不宜太长，长了不但达不到抢购的效果，成本也会增加。

（2）线下配合

① 场地的安排　场地的安排，以人流量最大且便于集中为原则。比如门店内，如果门店场地有限可选择附近的空地。如果在门店新开业、大型促销活动期间，或者黄金消费周期间，也可以选择离门店较远的地方，但场次要多些，场面要大些，这样可以较好地营造声势，带动销售，增加更多了解店铺、了解产品的机会。否则，就有可能因人气不足而导致抢购活动效果不理想。在场次安排上一定要注意：如果几个不同部门同时开展几个限时抢购活动，必须做好规划，统一协调，防止相互"撞车"。同一时间做两场限时抢购，可以想象是什么样子，这样的例子现实中非常多。

② 氛围的营造　氛围的营造是限时抢购活动最主要的特色，制造一个好的抢购氛围本身就是一种促销，能起到一种"引导"的作用。在氛围的营造上可从两个方面入手。一是背景音乐的选择。以急促有力，节奏感较强烈的音乐为主；二是现场播音，针对抢购必须有专门的播音稿，总台负责播音的人员播音时语速要快，节奏感要强，同时必须清晰有力地配合音乐将信息传递给消费者。

知识小贴士

有很多店铺销售人员在给消费者推销时到最后阶段会表现出不耐烦、心神不定，甚至说些难听话。其实，越是在最后时刻，越要有耐心，不要因为自己的情绪而前功尽弃。这个时候，往往可以给消费者设定最后期限，使消费者尽快做决定。

第 8 章

O2O营销之服务策略：提高服务质量，回头客倍增

消费者完成了购买行为并不意味着营销工作的结束。相反，真正的工作才刚刚开始，因为商家还需要持续地为对方提供售后服务。以人为本，以"服务"为中心，是实体店最终打通线上线下全渠道的关键。只有完善的服务才能赢得消费者的心，增加消费者的回头概率，强化消费者的忠诚度。

8.1 线下服务，是对线上销售的有益补充

当前，消费者对服务的要求越来越高，一个企业、一个品牌质量再好，如果没有完善的服务支撑也很难在竞争中站稳脚跟。实体店互联网化，不仅要做好线上销售，还要重视相配套的服务，包括售前、售中和售后服务。因为，整个销售过程中服务贯穿始终，起着重要的作用。

比如，通过网店把冰箱、洗衣机等产品卖给消费者后，同时也应该为消费者提供送货、安装、调试、维修、技术培训、上门服务咨询等一系列的线下服务。商家在线上卖东西不仅要有优质的产品，还要提供完善的售后服务。

售后服务很重要，但只是整个服务的一个环节，除此之外，还有售前、售中服务，很多实体店经营者已经将"售前、售中服务"当作促销的一种辅助手段，用以更好地提高产品附加值、店铺的知名度、维系消费者的忠诚度。

> **案例分享1**
>
> 作为最大的零售超市之一的家乐福在节假日经常开展一些线上促销活动。每当有活动时，活动信息都会出现在官网、微信公众号、App等各大平台上，用以通知消费者，如图8-1所示。消费者可线上报名，领取电子会员卡、优惠券，然后凭电子会员卡参加线下的促销活动，这种促销方式赢得了很多消费者的青睐。
>
> 一次，商场又搞起了促销活动，为了给消费者提供优质、满意的服务，商场专门抽出一批精明强干的服务人员，负责具体的工作。比如，接待、介绍、现场指引，需要送货的还负责配送到家等，先后设置了接待组、礼品发放组、送货组、售后服务组等临时机构。每个人明确分工，落实责任。尽量使每一项工作都有人管理，使每一个环节都令消费者满意。
>
> 在鞋帽区，一位孕妇正在仔细地挑选鞋子，看着各种各样的鞋子，脸上流露出犹豫的神色。左顾右盼，时而看看褐色的，时而看看米黄色的，一时不知道选哪个好。促销人员不厌其烦地为其挑选，"小姐，您看这双米黄色的鞋合适吗？"，女消费者嘀咕说："我也不知道该选哪双好。"

图8-1　家乐福微信公众号上的线上促销信息

"那这双呢？"女消费者看了看，没有吱声，随手又拿起一双鞋来看。

促销员耐心地问："您打算配什么颜色的裤子？平日穿深色裤子多还是浅色的多呢？"

谈话间，促销员注意到这竟然是位孕妇，而且有点疲劳的样子，就对女消费者说："小姐，您进来坐下来慢慢选吧，过道上比较拥挤，以免发生危险。"边说边将这位女消费者拉到了人员较少的地方。

促销员这一做法令该消费者心生暖意。在接下来的谈话中，双方就融洽了很多，这位消费者很快决定购买。

由于部署到位、组织到位，在促销的半个多月时间中，促销活动进展十分顺利。由于好的服务，家乐福成为接待消费者最多、营业额最高的零售实体之一。

事实证明，消费者在购买一个东西时，不仅是看重产品本身，还重视相应的服务。做营销相应的服务也十分重要，服务要真诚、自然、周到、体贴，能给消费者温馨舒服的感觉。每个人可以学习各种各样的销售技巧，但

"真诚"的服务却是靠心去做的。上述例子中这位促销员的做法，是大卖场、超市尤其是消费者较集中的店铺，开展促销工作经常遇到的事情。事情很小意义却很大，做与不做，做得好与做得坏直接影响到这位消费者的心理感受。

然而，这些细小的、繁琐的工作又不属于促销工作的范围，因此，常常被促销员、服务人员，甚至店铺的负责人忽略。其实，这就是服务性的工作，对消费者的服务越到位，消费者就会感到越贴心，进而增强对企业、对产品的忠诚度。同时，也只有用心为消费者提供服务，才能在竞争中胜出，才能走得更远。

店主学堂

广义上的服务包括三个阶段——售前、售中、售后，而大多数人常规上对"服务"的理解只是指售后服务，这是一个误区。当前，由于市场环境的需求，大部分经营者只是将售后服务放到特别突出的位置，而忽略了销售前、销售中的服务问题。因此，实体店经营者在完善服务时要三者兼顾，千万不可顾此失彼，有所偏颇。

（1）做好"售前"服务

售前服务的内容多种多样，主要包括调查消费者信息、进行市场预测、提供咨询、接受电话预订等。那么什么是售前服务呢？概括起来通常是指，在产品销售前，或者消费者未接触产品前，进行的一系列与产品宣传、刺激消费者购买欲望有关的工作。

售前服务是正式展开销售前的一系列辅助性的工作，主要是为了协助消费者做好需求分析和系统引导，使产品能够最大限度地满足市场和消费者的需要。其核心可用三句话概括："提供市场情报，做好服务决策""突出产品特色，拓展销售渠道""解答消费者疑问，引发消费者需求"。

为了更好地做好售前服务，实体店经营者或是市场人员、销售人员需要以市场信息、消费者需求为前提，严格按照流程进行，具体流程如图8-2所示。

（2）做好"售中"服务

售中服务，顾名思义是指在产品销售过程中、在推销现场为消费者提供的相关服务。具体包括与消费者进行充分的沟通，深入了解消费者的需求，协助消费者选购最合适的产品，以及解决消费者在购买过程中遇到的困惑、问题等。

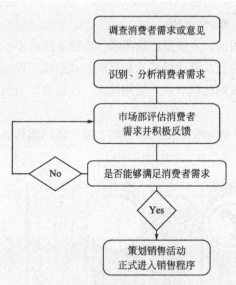

图8-2 实体店售前服务具体流程

从这个角度来看,售中服务贯穿整个销售的过程,包括与消费者面谈、推销、成交、签约等每个流程。这就需要经营者或销售员有一定的服务能力,使消费者在购买的过程中获得最大限度的心理满足,增强购买信心。

结合售中服务的概念,经总结这一阶段的服务主要包括4方面的内容,如图8-3所示。

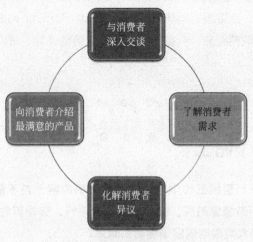

图8-3 售中服务的4个内容

（3）做好"售后"服务

对于售后服务，大家是最熟悉的，也是关注最多的一个环节。是指在产品卖出去之后，商家根据实际开展一些后续工作，比如民意调查活动、听取消费者对促销产品的使用情况，以及消费者对促销有哪些改进意见等。

售后服务的内容和形式多种多样，关于售后服务的内容大部分都清楚，主要包括5个方面，如图8-4所示。

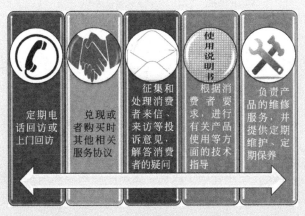

图8-4　售后服务的5个内容

同时，值得注意的是，售后服务不但要体现在虚心接受消费者的投诉，还要主动提供服务。因此售后服务的形式要多样化，要灵活。比如，网站民意调查、定期跟踪回访等。事后开展售后活动，有助于拉近店铺与消费者之间的情感距离，有助于更好地制订营销计划，进而保证店铺更好地发展下去。

知识小贴士

服务，作为营销工作中一项非常重要的内容，并不是孤立存在的，它体现在不同的销售阶段，辅助着销售的进行，弥补其他环节存在的问题和不足，最大限度地满足消费者的需求。

8.2 以人为本，客户至上

美国汽车大王亨利·福特曾说："要把为服务客户的思想置于追求利润之上，追求利润不是目的，只不过是为消费者服务的结果而已"。其实，这就是以人为本，以消费者为中心服务理念的体现。

坚持以人文本，是做好服务工作的最基本原则。然而，长期以来，很多经营者本末倒置，以追求"产品"为中心，将服务定位为辅助产品销售的角色。"以消费者为中心"，还是"以产品为中心"，这是经营模式的转变，更是经营理念的转变，两者的出发点是不同的。出发点不同，在对待消费者利益上也有所不同，产生的效果也会截然相反。

> **案例分享2**
>
> 张小姐经营着一家服装店，为了便于消费者订货、取货或咨询其他事宜。她每次都有意识向对方索取联系方式，包括电话号码、QQ号码、微信号等。然后利用这几种方式创建电话簿、QQ群、微信群等，开设不同的沟通渠道。主要目的是为了与消费者随时互动、随时沟通，通过这个平台，消费者可以及时地了解店里的促销、打折、新品上架等诸多信息。同时，如果有老客户想知道有没有自己想要的衣服，或者新款服装，随时可在平台上沟通、留言。
>
> 同样，在距张小姐的店不远处另有一家服装店，当消费者上门时店主总是笑脸相迎，处处献殷勤，给人的印象特别好。为了不让上门的消费者空手而归，甚至不惜编瞎话、说谎话、赠送冒牌虚假的产品，目的就是博得消费者的一时高兴，下决心购买。结果呢，很快就出现了问题，有的消费者刚买回家的衣服就有这样或那样的质量问题，当客户找上门要求换货或退货时，这位店主则翻脸不认人，而且百般刁难，找各种理由进行推辞。

上述两位店主恰恰体现了两种截然不同的经营理念：张小姐以消费者利益为先，希望以良好的服务带动销量；而另一位店主，则是以卖出产品为目的，至于承诺的服务完全是幌子。

消费者决定购买一个产品，不仅是看中了该产品的质量，更大一部分原因是被附带的周到细致服务所吸引。这也说明一个道理，店铺在经营过程中必须坚持以人为本，坚持"消费者至上"的原则，把消费者放在第一位。了解消费者的需求信息，根据需求进行深入分析，制订相应的服务策略，从而增强店铺的竞争力。

店主学堂

那么，"以人为本"的服务思想体现在哪些方面呢？又应该从哪些方面去改善，去提高呢？具体体现在四心上——专心、耐心、细心、真心。专心为消费者提供服务，耐心倾听消费者的要求，细心观察消费者的行为举止，真心诚意为消费者提供亲切优质的服务，让消费者有一种"宾至如归"的感受。

（1）注重服务

注重在服务过程中与消费者的情感互动，真正体现"以人为本"的服务理念。以人为本即为消费者着想，为消费者解忧、尊重消费者、关心消费者，这就是要遵循消费者的心理需求和传统观念，以自己善良、诚恳乃至真诚的心态，设身处地地尊重和善待消费者，以消费者追求优质产品和优质服务的需求为目的，并努力实现供求双方的愉快合作，实现互动双赢。

（2）关注服务细节

服务来源于细节，很多令人满意的服务不是真正为消费者做了多么大的事情，而是关注到了细节，关注了消费者的内心。服务中有很多细节值得关注，就像案例中的张小姐在销售产品的同时，还主动搜集消费者的联系信息，建立多个沟通平台，与消费者保持互动，前提工作做得如此细致，服务工作必然会令人满意。

（3）主动服务

对消费者服务应该积极、主动，谁能做到主动服务谁就能前进一大步。主动服务对应的是被动服务，这也是当前服务体系常见的一种状态，通常都是先由消费者提出服务请求，企业或服务人员才会提供相应的服务。主动服务则正好相反，需要企业或服务人员主动去找消费者沟通，主动发现问题，然后由消费者根据自己的需要选择服务内容。

知识小贴士

服务的对象永远是人，坚持"以人为本"的原则，首先要从服务对象出发，先让消费者在心理上得到满足。作为实体店经营者应该比任何人都意识到这一点的重要性，利用消费者的这种心理，打出"服务"牌，利用公司良好的服务来争取消费者更大的信任。

8.3 服务的及时性：第一时间去解决问题

为消费者提供服务的最重要目的是为他们解决悬而未决的问题，而解决问题的关键就是要及时。当消费者反映产品存在的问题，或者在使用中遇到困难时，服务人员要第一时间做出反应，找出解决办法，即使无法当场解决也要向对方做出解释，敢于担当，表明自己的立场。

案例分享 3

吉林长春的一名大学生在网上购买了一个十多元的牙刷架，当该同学收到包裹，拆开包装纸箱时，发现里面有一只奄奄一息的小老鼠，牙刷架上沾满了血迹。这位同学害怕老鼠身上携带细菌，忙把老鼠和牙刷架扔到了垃圾桶。

事后，她一想到这件事情就感到非常气愤，为此她将这个包裹拍了照片并发到网上，引来网友的一片哗然。同时，她也与商家客服取得了联系，要求彻底解决这个问题。客服认为，老鼠可能是在快递过程中，从缝隙洞口进入的，并及时进行解释和道歉。尽管可能是快递公司的责任，但客服表示愿意先去解决问题，退给这位女同学 5 元钱作为赔偿。

对于 5 元钱的赔偿，这位女同学尽管有些不满意，但由于认为卖家态度特别好，5 元钱赔得很干脆，最后还是选择了不再追究责任。

最后，商家还公开回应这件事情，明确表示"不找哪方责任，消费者至上"，赢得了很多网友的理解和支持。

其实,很多时候,在对待消费者投诉上体现的就是责任心的问题,尽管问题的处理不会令消费者十分满意。但只要敢于承担,敢于认错,还是可以获得谅解的。做线上营销,买卖双方都在一个虚拟的空间中,而且还会涉及很多第三方,双方在心理上本身就有提防和隔阂,一旦售后问题得不到解决,这种矛盾越积越大,最终伤人伤己影响到销售业绩,更为重要的是会永远失去消费者的信赖。

因此,一旦有问题出现,首先必须对自己的消费者负责,处理问题先不要去找是谁的责任,更不要直接推卸。相反,要勇于担当下来,只要对消费者尽到了自己应尽的责任,自然会受到消费者的拥戴。

而绝大部分人无法做到这一点,他们潜意识里害怕消费者提出问题,一旦出现问题则拖拖拉拉,不及时解决。无论是线下还是线上卖东西,最可怕的不是产品质量,而是商家的服务态度,态度直接决定着产品的销量、店铺的声誉。那么,作为实体店经营者如何做到服务的及时性呢?可以从以下3点做起。

店主学堂

(1) 对消费者提出的问题有问必答

有些消费者在产品出现问题之后,或者在使用过程中遇到这样或那样的不便时,就会萌生"产品是否真有用""是否物有所值"的想法。

当消费者带着这些疑问投诉、找上门时,他们最大的希望是听到商家积极的回应,明确的答复。这时,一定要做到有求必应、积极接受,无论对方反应的是否属实都必须先应承下来,而后根据实际情况做出应对。

当然,这里所说的有求必应、有问必答,并不是要全部承担责任,而是帮助消费者弄清楚问题所在,如果是消费者虚惊一场,或者纯属人为损坏也要如实相告,不可使其心里有上当受骗的想法。

(2) 对消费者的不满进行引导

产品出现问题,消费者首先在情绪上会有波动,处理不好甚至会对公司、对产品产生质疑。有些消费者对产品有意见还会传播给周围的人。比如,张三曾经对某产品印象不好,就对李四说这个产品如何如何不好,这对李四是非常大的负面引导。

所以,在遇到这类消费者时,促销人员在解决前,必须对其情绪进行安抚，多关心、多鼓励，多与他们交流，做足心理上的慰藉工作，潜移默化地影响他们。

（3）弄清情况，表明立场

当确定消费者反映的是事实时，就要明确是自己的产品出了问题，要积极地解决问题，一定不要怕承担责任隐瞒真相。

在消费者眼里，最看重的就是这一点，因为在他们看来，"我买了你的产品，你就要负责到底，只有你才能为我解决这个问题"。经营者要清楚地认识到这一点，当发现产品出现问题时必须想一个周全的解决办法，即使自己无法解决，也要尽力去协助其他部门、人员去解决问题。

 知识小贴士

服务至上，利益第二，对于消费者出现的问题，必须时刻围绕着及时性的原则去解决。当消费者有问题的时候，无论如何都要想办法解决，如果只想逃避责任，失去的不仅仅是声誉，而是消费者的心。回避问题永远解决不了问题，相反还会使问题更加严重。

8.4　服务的特色性：差异化发展战略

一些大企业、大集团，在互联网化的过程中，凭借着物力、财力等方面的优势，一直在完善着自己的服务内容，不断提升自己的服务质量，为消费者提供全方位、特色化、个性化的服务。尤其是线上服务，更体现出了与众不同之处，形成了自己的特色服务。

▶ **案例分享4**

在快递物流行业，顺丰一直备受消费者青睐，这与它们提供的特色服务有关，以至于形成了与其他快递公司差异化的发展之路。

"您寄往××市的单号为757433641583的快递已经于×月×日18:19由××本人成功签收。"这是顺丰快递在消费者成功签收之后,利用自己的App发给消费者的一条信息。

经常使用顺丰快递的消费者都知道,当自己成功接收快递后,手机上马上就可以收到类似这样的一条短信,如图8-5所示。这是顺丰快递为防止他人冒领、代领快递,而实行的短信提示服务,一条短信在保证消费者所购产品安全的同时,也带来了很大的便利。

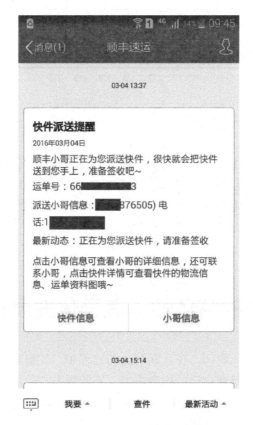

图8-5　顺丰快递信息跟踪截图

大部分快递公司在消费者收到快递后,都是让消费者签字,签完字之后就完成了送件工作,也预示着整个订单流程结束。然而顺丰快递却不一样,它增加一个小小程序:即给消费者发一条已签收信息。在顺丰快递的服务系统中,除了快递人员能够及时准确地送达外,还安排了专人发送短信给收件人。当收件人在快递单上签字后，这一信息会马上反馈给总公司的服务平台，负责发送短信的服务人员则会按照指示发一条短信。

就在所有快递公司均以收货方收货、签字为证时，顺丰有创意地开发短信息提示服务，大大提升了服务质量。这一小进步，带来的效益却是成倍地递增，这一举措也使顺丰快递深受消费者信睐，一跃成为了同行业中的翘楚，声誉大增。

同时，为了让消费者及时了解自己快件的情况，顺丰实施全程跟踪，从发货到签单整个过程，系统会在不同时段反馈信息。

现在的快递公司很多，但顺丰是受好评最多的企业之一，这得益于他们特色化的服务。尽管很多公司在纷纷效仿，也建立短信服务平台，开始提供短信提醒服务。由于顺丰率先想到了，并切切实实地运用到了实践中，这就是优势。更何况顺丰在同行业中，服务好是久负盛名的，因为他们建立了一套高效的服务体系、强大的ERP系统、标准的作业流程，是实现"高效""快捷""方便"的强有力保证。

快递本就是以提供服务为主的行业，必须在服务方面特色化，服务向前迈进一小步，品牌提升一大步。因此，店铺必须从抓服务做起，将"服务"作为营销计划中的重要部分，不断提高服务质量，创新服务形式，使消费者的满意度达到最佳状态。

店主学堂

那么，如何来实现服务的特殊化呢，主要是做好以下3个"结合"。

（1）结合产品特性

任何服务都是针对产品而言的，也就是说，所有的服务都要围绕销售的产品而设计。比如，优化品牌形象、提高质量、美化包装等。

海尔冰箱除了质量好之外，更重要的是品牌形象的塑造上。当国内电冰箱进行广告大战时，海尔则是首家在美国成立了海外分公司，直接打进美国市场的企业。当国内厂家分别夸赞自己的产品时，海尔则把中央电视台的摄制组请进了海尔的管理现场，让消费者通过现场直播，身临其境地体验海尔科学的管理。

（2）结合目标消费人群

服务的最终目的是要被消费者接受和认可，因此，店铺提供服务的时候一定要充分结合消费者的需求，建立在对消费者需求的调研和分析的基础上。

在航空业，高端消费者是争夺的焦点。根据二八原则，企业80%的利润是由20%的高端消费者带来的，谁争取到的高端消费者多，谁就在竞争中处于有利地位。而绝大部分航空公司给高端消费者提供的服务偏同质化，基本上都局限在贵宾室服务、两舱服务标准，延续的高端值机柜台、高端安检通道、高端登机服务等，这样给旅客带来的服务体验也大同小异。

西南某航空公司在锁定高端消费者以后，发现这部分人都有想利用空中的这段没有外界干扰的时间进行思考和学习。根据这一需求特点，该公司开发了为高端旅客设计阅读室这样的服务，并丰富各环节的内容，比如，增加阅览架、图书资料等。

（3）结合具体的服务事项

服务质量的好坏，主要还需要体现在具体的服务事项上，如果能在某一项服务上做到精益求精，高标准、严要求，也算是一个特色。

比如，为用户提供售后维修，几乎是所有企业都会有的一项服务，但江苏"小天鹅"就能将这项服务做到特色化，给消费者留下更好的印象。原来，小天鹅公司推出"红地毯"服务，要求所有的维护人员在给消费者提供上门服务时，必须铺上自带的那块红地毯，专门用于放零件和工具，以免弄脏消费者的地板，并且维修后主动把垃圾带走。

这个看似平淡的小事在消费者心中留下了深刻的印象，创造了服务差异优势，提高了消费者的消费体验。

知识小贴士

完善服务体系，没有强大的人力、物力、财力作保障是很难建立起来的。其实，对于店铺来讲，服务不在于多，不在于全，而是要有特色，只要能在同行中领先一小步，就可以实现整体差异化竞争。

8.5 诚信，是一种服务力

良好的服务还体现在"诚信"上，即对于消费者做出的承诺就一定要兑现。很多商家拍着胸脯保证："放心吧，只要买了我家的产品，以后有问题随时过来，一定保你满意……"话虽这么说，可做得却远远不够。当消费者真正需要帮助时他们的表现往往会非常消极，能推脱则推脱，能逃避则逃避，或以各种理由来拖延，或仅仅给出一些无关痛痒的建议，敷衍了事。

据美国纽约销售联谊协会调查显示：70%的消费者之所以决定购买一个产品，是因为他们对这个产品由衷地喜欢，对生产和推销产品的人信任、尊敬。向消费者推销产品就是推销诚信，说话做事一定要讲诚信，尤其是对消费者的承诺。

> **案例分享5**
>
> 曾有一家"同心超市"在开业庆典上开展了为期半个月的"夏日大派送，缤纷有好礼"促销活动。活动规定，凡是在促销期间进店消费满200元的消费者，均赠送20元、30元、50元不同额度的奖券一张，并可限期在店内兑换等额奖品。
>
> 促销广告一打出，立即引来了众多消费者的关注。活动开始当天，超市内人山人海，熙熙攘攘，好不热闹。然而，这样的场面仅仅持续了两天的时间。原来曾获得奖券的消费者到店内兑换，得到的奖品却让这位消费者大为失望，50元额度的兑换券仅换了一款洗涤用品，价值不超过20元！
>
> 此消息一经传开，消费者个个表示不满，有的甚至要求退货，接下来的几天，原来火爆热闹的场面顿时冷清下来。自从这件事情后，几乎没有消费者愿意到该超市购物，半个月后，该超市因难以维持经营只好停业。

良好的诚信是成功经营的钥匙，失去了信誉，也就失去了生存的土壤。诚信，倡导做人要诚实，做事要讲信用，历来是做生意的重要组成部分。在当今这个利益至上的商业社会，诚信则更显得弥足珍贵，不仅是体现在做人做事上，对销售工作也有着非常重要的影响。

在现在竞争日趋激烈的市场条件下，信用已成为制胜法宝，唯有守信才能赢得信誉。只要兑现对消费者的承诺，哪怕是很小的一个承诺，也会获得消费者的信赖。那么，如何来最大限度地实现对消费者的承诺呢？把握好两点即可。

店主学堂

（1）做了承诺，再难也要去兑现

向消费者做承诺之前，一定要考虑清楚自己是否有能力做到。有的人为了达成交易肆意夸大事实，编造谎言，欺骗消费者。而大部分消费者会盲目地相信这些承诺，以至于对未来的服务产生过高的期望值。如果诺言无法实现，期望越高，给对方造成的伤害越大。失信于消费者，就等于永远失去了消费者。因此，当向消费者做承诺时要量力而行，根据现有的条件和资源做出最切合实际的承诺，门槛低一点没关系，最关键是要去兑现。

（2）没把握，就不要轻易许诺

如果能做到不随便许诺，也是维护"诚信"的重要方式。有很多人随时随地，不看情况对消费者乱许承诺，事后连自己也记不清曾经许下过什么，什么内容，什么时间履行。

由于缺乏一定的目的性、针对性，时间一久都有可能忘记，承诺的持久性也大打折扣，从而为履行埋下了隐患。

知识小贴士

诚信是实现促销活动成功的关键和保障。促销活动中，经营者必须履行承诺，"说到做到，不放空炮"，承诺消费者的事情一定要给予兑现，不能"嘴上一套，做上一套"，否则，不仅会直接影响到促销活动的效果，而且也会影响日后的经营和发展。

8.6 如何解决消费者的退货问题？

退货，是三包服务中非常重要的一项，然而在实际中并非如此，对于大多数消费者来讲退货是非常难的。一方面是企业制度不完善，另一方面是相关责任人故意逃避责任。

> **案例分享6**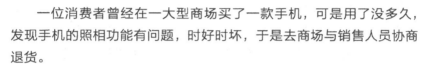
>
> 一位消费者曾经在一大型商场买了一款手机，可是用了没多久，发现手机的照相功能有问题，时好时坏，于是去商场与销售人员协商退货。
>
> 销售人员："先生，对不起，7天包退，这是三包的规则，您不会不知道吧。您这明显已经超过了包退期限，目前只能维修不能退。"
>
> 消费者："可是这款手机是本身质量问题，而且由于问题出现在照相机上，平时也看不到，又时好时坏，我怎么可能在7天就发现。"
>
> 销售人员："那你只能去规定的检测点进行手机检测，如果真是质量问题我们再说。"
>
> 消费者："本来就是你们手机的质量问题，而且当初买的时候你可跟我说得清楚，说什么有问题随时可以过来找你，不满意包退的，现在又说要去检测，而且你们现在的态度这么差，我一定会投诉你们。"
>
> 由于手机的毛病时好时坏，消费者跑了三次检测点才检测出手机确实是质量问题，虽然手机是退了，但也让该名消费者严重感到被骗了，心里很不舒服。

不仅在现实中消费者会遇到退货难的问题，在各大购物平台，这样的情况也非常普遍。

> **案例分享7**
>
> 广州的刘小姐收到在网上订购的一个装有珊瑚绒女士睡衣的包裹，

立即试穿，可站在镜子前的她发出抱怨："简直像一头熊一样。"退货成了韩小姐的第一念头，于是她开始在淘宝旺旺上联系店家，可过了很长时间，得到的都是"咨询量暴涨，旺旺无法及时回复"的反馈。她直接点了"申请退款"的选项，对方也迟迟没有同意办理，尽管最后联系上了客服，可双方又因退货邮资问题产生了分歧。

案例分享8

某大学研三学生罗某在网上花60元买了一件打底衬衫，因货不对版选择退货。在与店主的协商中，双方产生了分歧。店家表示，60元的衬衫里有10元的邮资，只能退50元。罗同学认为这不能接受，因为该物品页面上写着"卖家包邮"的字样，最终也是不欢而散。

众多实例表明，退货已成为购物中出现矛盾最多的问题。这是因为很多商家本身就害怕消费者的退货要求，绝大部分经营者对于上门退货的消费者都是退避三舍，唯恐带来不必要的麻烦。另外，要求退货的人越多，带给公司的损失越大，甚至还有可能要承担责任。

其实经营者可以换个角度看这个问题，如果不接受退货，也同样会有损失，而且损失的不仅是利益，可能是更重要的回头客或者是客户的信赖，既然退货不可避免，那不如好好面对。当消费者要求退货时不要紧张，只要处理得当不但可以被消费者谅解，让消费者满意而归，还可以挽回不必要的损失，树立新形象。

店主学堂

面对消费者的退货要求不能直接推卸责任，无论什么原因都不能直接拒绝，这是个原则性问题。正确的做法是不能回避，积极应对，力争找到最圆满的方案来解决。退一步讲，如果的确无法解决，或不在自己解决范围之内，可以这样说，"我去服务部门反映一下吧，这个不在我的管辖范围之内。"

处理好退货问题，一般来讲需要做好以下3个方面。

（1）端正心态，赔礼道歉

消费者坚决要求退货，无论是产品本身的问题，还是在使用过程中导致。不管要求退货的原因是什么，作为为对方提供产品或服务的一方，首先在服务态度上不能出现问题。产品的质量、性能这些问题都是客观存在的，有问题并不可怕，完全在可解决范畴之内。

消费者要求退货不可怕，可怕的是有些人不能正视这个问题，当消费者来退货的时候，态度恶劣。如此势必会激起对方更大的不满，遇到这种情况，正确的做法是先表达自己的歉意，然后以一颗平和心态稳定对方情绪，分析清楚问题的症结所在，然后最终找出解决问题的办法。

（2）耐心倾听，弄清情况

有时候，听比说重要，当消费者满腔怒火，找上门来要求退货时应该耐心倾听，及时地了解情况，发现消费者存在的问题，从而有针对性地解决。

比如，当消费者说："你们产品质量不好也就罢了，服务质量也跟不上，机器出现问题，也没专业人员来维修。即使修好了过几天又坏，今天我必须退货。"

你可以这样说："对不起，由于我们工作失误给您造成了诸多不便，请您具体说说情况吧！"

（3）调查分析，明确责任

遇到消费者要求退货这种情况既不能盲目埋怨，也不能大包大揽，在不了解具体情况时把所有的问题都自己扛下来。而是要根据实际情况，认真分析，明确原因，弄清楚到底是谁的问题，然后再有针对性地进行处理。如果是自己的问题一定要负责到底，或退货，或调换。如果是消费者的问题要明确地告诉对方，问题出在哪儿，应该怎样解决，真正地为消费者提供力所能及的帮助。

店主："很抱歉，是我们的疏忽给您造成了诸多不便，还望谅解，我们马上为您解决这个问题。"

店主："这个问题可能是您操作不当造成的，不过这不是什么大问题，我为您亲自示范一遍，以后按照这个步骤操作就可以了。"

知识小贴士

面对消费者的退货要求，不能盲目拒绝，而是应本着负责任的态度，先调查后分析，找到正确的处理办法，彻底将问题处理好。即使不是自己造成的，如果能给予解决或一定的帮助，那对自己也是有百利而无一害的。还消费者一个满意，消费者将来也会给你带来一定的利益。

8.7 如何解决消费者的投诉问题？

在所有网购容易出现的服务问题中，除了退货之外，还有一个非常棘手的问题——投诉问题。如广州市工商局官网曾披露，2016年第一季度，共受理涉网消费投诉1945宗，涉及争议金额168.06万元。再如每年"双11"前夕，各大电商纷纷造势，消费者也是一呼百应，共同缔造了一个独特的购物狂欢节，但"双11"过后也会出现一次相对集中的投诉"高潮"。2017年"双11日"期间，全网交易额达2539.7亿元，同比增长45%，产生包裹数13.8亿个。据中国电子商务研究中心资料统计，"双11"过后网民投诉也是最多的，以劣充好、误导宣传、虚假广告问题位居前三。

> **案例分享9**
>
> 对于网购投诉问题，已经引起了社会和国家的高度重视，工商总局、国家质量监督管理部门，以及消费者协会等都已经公开接受消费者的投诉问题，并协助解决，同时，制订非常严格的惩罚制度，对不法商家进行惩罚，中国质量投诉网如图8-6所示。
>
> 社会上还有一些媒体，也在通过各种方式进行监督，如每年的315晚会都会披露一大批不符合规定的商家和产品，督促其修正自己的行为。央视315在线消费投诉平台如图8-7所示。
>
> 也就是说，无论是从国家层面还是从社会大众层面，已经形成了相

对完善的、可对网购不良行为进行监督的大环境，消费者权益得到了更好的保护。

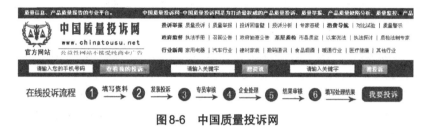

图8-6 中国质量投诉网

图8-7 央视315在线消费投诉平台

因此，对于实体经营者来讲，开通线上市场，必须遵纪守法，防止以次充好，欺骗消费者。如果出现投诉问题必须第一时间处理好。这也是做好服务工作一个非常重要的内容。从这个角度对于实体经营者来讲，也必须多掌握一些处理这类问题的技巧，配合客服人员合力处理好消费者的这些问题。

店主学堂

在接到消费者的投诉时，该如何说、如何做才能更好地化解，不让问题上升到无法调节的地步呢？可以从以下3个方面入手。

（1）认真沟通，初步了解问题所在

对消费者提出的异议进行初步的了解，尤其对他们不满意的地方要重点做出解释。这样有利于问题的尽快解决。例如，可以这样问："您最不满意的地方在哪里？"通过提出问题可以了解消费者到底有哪些不满，想得到怎么样的解决等。

很多时候，从消费者的回答中，就可以了解到他们的需求在哪里，从而使消费者的满意度提高。比如，当了解到消费者对操作程序不太熟悉时，通过介绍、示范、亲自操作等方式帮助消费者尽快熟悉起来。

（2）主动承担责任，及时解决问题

当消费者的投诉得到确定后，要主动承担责任。如果这个时候推卸责任，各种拖延、撒谎，也许能蒙蔽消费者一时，当对方弄清楚一切之后责任更大，至少会丧失自己的声誉，给大众留下不好的印象。必须要把消费者的利益放在第一位，产品出了问题不可怕，只要积极解决，同样可以获得消费者的认可。

（3）提供实实在在的解决方案

发现了问题就要积极地去解决，在消费者眼里，最看重的就是"只要你能为我解决实际问题，我就认可你"。要清楚地认识到这一点，当发现产品出现问题的那一刻，必须想一个周全的解决办法。即使自己无法解决，也要尽力协助消费者去做。

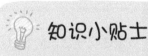

知识小贴士

对于消费者投诉，本着对企业负责、对自己负责、对消费者负责的态度，必须真心诚意地坐下来与对方沟通。认真倾听对方提出的问题，将问题摆上桌面，坦诚而待，敢面对，敢承担，这在很大程度上会为问题的解决争取到更多主动权。

第 9 章
O2O营销之线下运营——给消费者营造良好的购物体验

在互联网高速发展的今天,全渠道已经快速融合,线上线下成为一个整体,这也是O2O得以大范围推广和实施的基础。因此,在构建O2O营销体系时除了注重线上的运营外,还必须兼顾线下的运营,尤其是对于实体店,基础本来就在线下,如果一味地做线上而忽略了线下,反而会适得其反,得不偿失。

9.1 全渠道：线上转战线下运营成必然

在热炒O2O的时候，如果耐心琢磨其背后的深层运作逻辑，不难发现，在互联网高速发展的今天，全渠道已经步入融合的时代，不分线上线下。这也是O2O商业模式的本质，即线下零售的数字化升级，用运营一个B2B、B2C或C2C网站的思维去做实体店，用运营一个B2B、B2C或C2C网站的指标来衡量线下运营的成果。

> **案例分享1**
>
> 在安徽芜湖，一个300平方米的零食店日均销售额最高达到了15万元，开业一个月销售数据为240万元。这样的数据甚至高于有些上千平方米的社区超市销售额，这便是三只松鼠于2016年9月底开设的第一家实体店——三只松鼠投食店。
>
> 三只松鼠作为一个网红级别的互联网品牌，发迹于互联网，主要是以互联网技术为依托，利用B2C平台实行线上销售。凭借这种销售模式，迅速开创了一个以食品产品销售为主的新型食品零售模式，其坚果系列位居全网销量第一。然而，在线上如日中天的第一品牌却转而开设线下实体店，原因何在？据三只松鼠创始人章燎原介绍，开实体店是为了强化体验，重在以体验性为主，包括在店内专门开辟出休息区、饮品消费区，及售卖周边产品等，店内1/3的区域设置了休闲座椅和吧台，增加了可以现做的"水+轻食"系列产品，以奶茶、果汁为主。
>
> 这都是为了让消费者更好地了解三只松鼠品牌，甚至在线下进行选购，目的就是希望消费者扫描货架旁边的二维码进入三只松鼠的旗舰店购买。然而，这种模式却意外地扩充了线下渠道，进一步增强了其开设实体店的信心。

三只松鼠的尝试证明了线下市场的潜力，如果说网店兴起早期对实体店是一种冲击的话，那么在互联网+趋势越来越深入的当下却是一种融合，两者互为补充，互为促进，必将成为未来的主流商业模式。

如果将线下实体店看作是一个电商网站，从免费Wi-Fi、电子价签、商铺优化、导购Pad到库存数据一体化、用户ID连接、CRM系统、微信营销等，其背后的运作逻辑其实是相通的。一个具备O2O能力的实体店完全可以用B2C商城的思维来运营。

如转化率问题。转化率是衡量一个线上运营最终经营状况的重要指标，所以电商每天都在想办法提高转化率，同时对用户偏好、购买行为进行实时检测。线上运营中，页面热点能够反映出用户的注意力偏好，甚至每个点击都能够被监测到，然后根据检测到的数据，不断优化素材和展现方式。以网购为例，通常来讲，整个网上购买过程可以用一个购买漏斗来进行分析，"首页—搜索和分类页面—产品详情页—购物车页面—结算页—最终订单提交页面"，每一个步骤页面上的停留时间和跳出率数据都需要仔细分析。

然而，线下实体经营是无法分析转化率的，只能从最终销售效益的维度进行事后分析，而最重要的以人为维度的指标被忽略了，且实际的转化率受促销设计、产品排序、展示效果、购物路径优化等多因素影响较大。

实行O2O管理后，可将线下的每一个店铺看成是线上网站的一个子类目或专题页，以此对比访问量与购买量，就可以为店面设置一个类似转化率的业务预警指标。

再如，新老用户分析和老用户复购率。新老用户的占比，反映了用户对网站品牌和运营产品的忠诚度问题。电商一般喜欢通过促销消息推送，以礼品卡或折扣券提升复购率，这是线上与线下运营相通的地方。不过，电商的老用户运营更为精细，比如针对某一个群体或时间段，可以推出一些专题活动，来回馈老用户。

而在线下运营中，大部分的实体店还是用全场打折的方式，缺少针对性的销售专场设计。一般来说，线下卖场晚间的订单量会占到全天销售额的50%，尤其是临近打烊的时刻多是老用户在光顾，但零售商缺少必要的场景识别与专题设置来做应对，也就无法提升老用户的购物体验。

知识小贴士

这充分说明，做好实体店线下运营，必须充分与线上结合起来，经营者尽可能地从线上走下来并运用线上的思维辅助线下经营。

9.2 优化流程，要像线上购物一样方便

线上购物最大的特点就是向消费者提供了方便快捷的购物流程，看货、选货、下单、支付一站式完成。这正是现在大多数线下实体购物的短板。繁琐的流程和漫长的排队等候，使线下消费者纷纷转投线上。

因此，对于实体经营者而言，最大的挑战就是如何尽可能地简化购物流程，提高消费者的购物效率。这就需要在软硬件配备上更完善，在购物的环节中引进新技术，让智能代替人工。

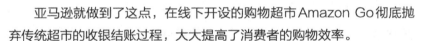

案例分享2

亚马逊就做到了这点，在线下开设的购物超市Amazon Go彻底抛弃传统超市的收银结账过程，大大提高了消费者的购物效率。

2016年12月5日，亚马逊在西雅图开了一家"特别的"实体便利商店——Amazon Go，彻底抛弃了传统超市的收银结账过程。消费者不再需要提着购物篮等待结账，只需径直走进超市，拿起你想要的东西，然后离开便利商店就可以了。这家开设在西雅图的便利商店，目前只对亚马逊员工开放，只是最初测试阶段。

根据Amazon官网介绍，亚马逊的免结账购物体验利用了与无人驾驶汽车同样类型的技术：计算机视觉、传感器和深度学习。这项Just Walk Our技术能自动监测产品从货架上取下或放回，并在虚拟购物车中进行追踪。在消费者完成购物时，直接离开商店即可。随后，亚马逊将通过亚马逊账号与用户结账，并提供发票。

这其实也为线下运营提供了一个思路，O2O作为一个线上运营工具，在运用到线下时必须满足一定的条件，如实时数据监测与业务指标预警，实现评效与周转率的提升等。因此，线上经营者在做线下运营时，为了给消费者提供更好的体验，必须积极构建与线上运营相一致的必要配备，这些配备要能满足数据检测、转化率提升等方面的需求。

> **店主学堂**

那么,线下运营应该掌握哪些数据呢?又该如何实现转化和分析?

(1) UV和流量来源分析

UV(Unique Visitor)是指通过互联网访问、浏览这个网页的自然人。由UV进行流量来源分析,可根据流量的变化及时预测网购销售额增幅。流量的异常波动,反映了企业营销行为可能存在的问题甚至是失误。

众所周知,在线上运营中,UV主要用于分析有多少用户前来访问,浏览了多少页面,从而可以准确判断客流变化。通常情况下,质量稳定的流量和转化率可以大致推算出销售情况。对互联网巨头BAT来讲,由于他们掌握了大量的流量数据,甚至可以精准地画出消费者个人的互联网图谱。

相比之下,线下经营在这方面是一个黑匣子,多数情况下,只有在用户刷卡交钱的一刹那,才能够产生一个订单数据,它对客流的变化感知较为迟钝,无法做到实时反馈。当然,这也是受客观条件限制的,传统的商场、超市由于辐射半径有限,可能会觉得UV和流量分析没那么重要,但O2O是虚实结合项目,将来O2O的流量一定会趋向多而杂。

为更精准地掌握线下消费者的流量必须构建一套适合线下运行的流量分析系统。线上运营一切的追踪数据都存在浏览器里的cookie❶中,其实线下运营也可以实现类似的操作,如用户手机上的MAC-ID其实就是浏览器里的cookie,一旦跟其他大数据源合并分析,线下商家也可以精确掌握消费者的行为图谱,实时监测线下店铺运营状况,无疑可以为精准营销和个性服务提供极大的帮助。再比如,很多实体店开设的移动网页、微店、App、电子会员卡及其他自媒体等,从这些途径都可获得大量原始数据。

(2) PV、跳出率和点击路径分析

PV是一个用户在网站的浏览深度的反映,同时也跟网站自身信息结构设计紧密相关。用户在网站的PV数越大,说明停留时间越长,网站对消费者的黏度越高。但同时需要结合页面跳出率一起来分析,如果在某一个访问路径页面的分析上,跳出率过高,也说明用户无法在短时间内找到自己需要的信息而逃离。

---

❶ 指某些网站为了辨别用户身份、进行session跟踪而储存在用户本地终端上的数据。

新零售：
实体店O2O营销与运营实战

对应到线下零售运营，主要是动线与布局的优化问题，但此前几乎都是依赖人工经验判断，极少有数据分析的支撑。目前室内的Wi-Fi已经可以做到十几甚至几十米的范围定位，可以相对精确地定义一个热点区域了。随着在商超里相关室内Wi-Fi定位设备的合理部署，是可以实时获得类似于GA（Google Analytics）的报表视图，可以科学的进行动线和布局优化处理。

在线下零售具备了线上B2C的思维与能力之后，总经理坐在办公室当中，就能够查看全国门店的实时转化率情况，一旦某一个店铺出现数据不正常的波动，他就可以马上告知该店的店长，分析是否出在了产品摆放问题，或者可以马上搞一次促销专场等。

知识小贴士

实体线下经营转型要做好三点：一是互联网信息化，把店铺的每一个SKU都放到网上，并建立数量和状态识别，便于消费者购买和消费；二是重塑互联网品牌，也就是说如何在互联网上讲故事，经营粉丝；三是面向互联网和电子商务重构后端产品供应链。

9.3　内部设置：营造良好购物体验的关键

大多数人为什么喜欢线上购物？其中一个很重要的原因就是品种多、可选余地大、购物体验好。网店的这种优势是由网站储存量大的特性决定的。推而广之，为给消费者营造良好的购物体验，线下实体店必须注意内部设置。

一个富有创意的内部设置，不仅能使店铺充分利用有限的资源，物尽其用，人尽其能，还可以产生强大的集客能力，提高消费者的光顾率，促进销售，同时也深刻影响着消费者对店铺的第一印象。因此，内部设置成为实体经营必须要考虑的问题。

第9章 O2O营销之线下运营——给消费者营造良好的购物体验

案例分享3

北京新东安商场是王府井商业街上标志性的建筑，明快的风格既融入了现代都市的时尚，也保留了原东安市场的古朴，特别引人瞩目。同时，也是国内最著名的时尚休闲购物热点之一，能为消费者提供全新购物体验。

但很少有人知道，它也是容客量最大的商场之一，这与它的内部布局风格有关。商场中央区是宽敞的开放性通道，商场顶部阳光直射中央区，不但能给消费者平和、温暖的购物感受，最重要的是便于消费者向四周环视，消费者站在中央区即可方便地看到周边的任何角落。

再加上中央区设置的三部垂直透明箱体电梯，由于靠近空旷的中央大厅边缘，在平稳流畅的上下运行中，消费者在电梯里也可以看到整个商场，每一个摊位、专卖店都尽收眼底。

许多人愿意逛新东安商场，一是因为名气，二是因为其人性化的布局，能给人带来不一样的享受。

总体布局是指营业环境内部空间的总体规划和安排。良好的总体布局不仅方便消费者，减少麻烦，而且在视听等效果上给人们产生一定的美感享受，这是吸引回头客、提高消费者忠诚度的因素之一。

总体布局的原则是视觉流畅、空间感舒畅、购物与消费方便、标识清楚明确、总体布局具有美感。通过下面的例子可以说明这个问题。反过来，不良的结构与布局会给消费者带来许多麻烦与不便，进而影响到消费者的心情和购买成功率。

店主学堂

纵观现在的趋势，大跨度空间结构成了现代店铺内部设置的主流。倡导以市场为导向，重点突出消费者需求。具体表现为缔造空间格局，扩张店铺的容客能力。这里的空间格局包含三层意义：一是产品空间，即产品陈列的场所，比如，陈列柜、陈列架、展型台等；二是营业空间，是指销售人员或服务人员接待消费者、提供服务的场所；三是消费者空间，指消费者进店后，参观、浏览、选择和购买的场所，如图9-1所示。

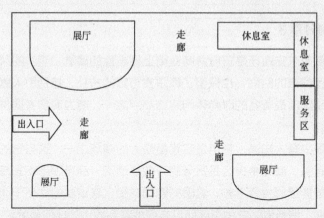

图9-1 以消费者为中心的实体店布局平面图

这种格局的设置颠覆了以往以"产品"为中心,盲目追求种类和数量的理念。毕竟最终决定店铺业绩的不是产品好与坏,而是消费者的需求,只有产品符合了消费者需求才能促使对方购买,否则种类再全,数量再多,质量再好也无济于事。

接下来,谈一下店铺各主要功能区设置原则。

(1)产品展厅设置原则:有利于提高售卖率

产品展厅是招客、引客的主导区,如何让进店的消费者痛快地掏钱是这一功能区域的根本所在。从这个角度讲,展厅区一定要有较大的容客能力,并能最大限度地吸引消费者购买。因此,在这个区域的设置上需遵循这样的原则——空间要足够大。

一般来讲,可设置两到三个区域,一个主区域(A区),一个或两个预备区域(B区或C区):店铺的优势产品陈列在A区,其他产品陈列于B区或C区,见表9-1。

值得注意的是,不能错误地理解陈列于A区的一定是好产品,而陈列于B区或C区的就是次产品。之所以设置A区、B区、C区是出于营销所需。因为进店的大致有三类消费者:一是有明确购买动机;二是无明确购买动机;三是无购买动机(也是最差的一类)。一般来讲,后两种消费者,要么只是随便看看,要么压根不准备买东西。但站在店主的角度,可不能这样想,最理想的状态是把所有进店的消费者都当成目标消费者,当她们在浏览A区产品而不感兴趣时,就会进一步引导到B区或C区,当看到许多不同类型、不同的产品时,购买动机由此就产生了。

表9-1　产品展厅各陈列区域分布和特点

区域	产品特点
A区	知名品牌或知名品牌下属子品牌
	目前广告投放量较大的热门品牌
	市场上热捧、消费者正在关注的品牌
B区	不适宜做大规模宣传的
	口碑较好、利润较可观的二线、三线终端品牌
	得到时间和市场验证的、消费者耳熟能详的特色品牌
	利润满意、销量大的传统老品牌
	可以短期追逐利润的终端炒作品牌
C区	价格相对低廉而品质合格的国内、国际品牌，比如，洗护类和关联度高的日用品
	流量大、利润薄的广告品牌，比如，化妆用具、化妆杂品、发饰品

A区作为"主导区"并不是第一盈利区，只是起到一个抛砖引玉的作用，更大的利润区由B区或C区域来满足。经营者进入利润主导区后，要善于带领消费者到达后面两个区，B区是用实惠来吸引消费者，C区是用低价产品吸引消费者进一步消费。

（2）出入口设置原则：易于消费者进出

出入口的设置通常在1.5米左右，有的店铺为方便进出，会将入口与出口分开设置，这时出口要稍宽于入口。同时，出入口的设置还要让消费者有一种"进店看看"的欲望。要达到这种效果，就不单单是尺寸的问题了，还包括透明度好、光线充足、布局合理，有利于集客等。

（3）柜台设置原则

事实证明，柜台的零售额与从柜台前经过的消费者次数成正比。因此，柜台的设置原则是要有利于消费者尽可能多地经过。然而，有些店铺在设置营业柜台时常犯一个"通病"：出现"死胡同"现象，什么是死胡同，即消费者沿某一个方向看这面的产品之后，必须折回来再观看一遍才能走到另一组柜台里去。

这样设置的目的很明确，就是增加消费者观看产品的机会。但这种布置方式弊大于利，不可取的地方在于当里面的消费者折回来之后，必然与新走入的其他消费者相遇，这样很容易造成柜台内人数增加、拥挤忙乱的现象。

可见，柜台的设置形式很重要，除了最大限度地满足消费者光顾产品的需求，还要注意到空间需求，力争使消费者走在里面很舒服。常见的柜台设置有3种。

① 封闭型柜台　这是最传统的一种格局，能将消费者空间与营业员空间分隔开来。在封闭型柜台里，营业员的作用十分明显，一举一动都对消费者购买起着决定性的作用。比如，一位僵硬无表情的营业员一定令消费者敬而远之；反之，如果热情、大方、笑脸相迎的营业员，必然会获得消费者好感，提高产品售卖率。

② 自选式柜台　指的是营业员与消费者共用一个空间，可以有一定的店员空间，也可以没有特定的店员空间。最有代表性的就是化妆品超市，消费者进店后可随意挑选，营业员除礼节性招呼外，几乎不会主动干扰消费者的购买行为。

③ 封闭自选混合式柜台　上述两种格局的混合形态，也是目前最流行、应用最多的空间格局。普通产品用自选式货架陈列，开架销售；部分有档次、价格高，则在局部封闭型柜台销售。消费者在自选区没有示意求助，任其自选；消费者走近封闭柜台时，常常表示他需要获得营业员更多的售前服务。销售行为应追求轻松自然，促销员站位不要固定在店中央等待消费者招呼。

（4）通道设置原则：有利于消费者最大限度地流动

通道设置有两个要点。

一是通道要足够宽，即要保证提着购物筐或推着购物车的消费者能与同样的消费者并肩而行或顺利地擦肩而过。通常来讲，通道的宽度与店铺规模成正比，规模越大，通道相应越宽。300～2000平方米规模单层卖场的通道宽度基本设定值见表9-2。

表9-2　店铺通道宽度基本设定

单层卖场面积（平方米）	主通道宽度（米）	副通道宽度（米）
300	1.8	1.3
1000	2.1	1.4
1500	2.7	1.5
2000	3.0	1.8

二是通道的形态选择分直线和岛型两类。直线适用于一般中小型店

铺,岛型适用于大中型店铺。当前,单独使用两者的店铺比较少,大部分采用以直线为主,局部曲线的方式,不过,千万不可采用斜线。

知识小贴士

总体布局是指店铺内部空间的总体规划和安排。良好的总体布局不仅方便消费者、减少麻烦,而且在视听等效果上给人们产生一定的美感享受,这是吸引消费者回头、保持消费者忠诚度的因素之一。

9.4 产品陈列:制造最直观的视觉感受

好的陈列能给消费者一种美的感受,法国有句谚语:"即使是水果蔬菜,也要像一幅静物写生画那样艺术地排列,因为产品的美感能撩起消费者的购买欲望。"网店的陈列是非常讲究技巧的,如遵循最大化原则、显而易见原则、垂直陈列原则、金品项原则等。同样,会管理的店主在实体店的陈列上也应如此,能够充分展示它们的内涵,令消费者进店的一刹那就能被产品吸引。

只有先 让消费者停下来去看产品,才有可能让消费者产生进一步了解产品的欲望,即产品的品质、口感、文化品位等。现如今各品牌店竞争激烈,店主们纷纷使出浑身解数来提高店铺的业绩,最有效、最直观的一种方法就是有技巧地陈列产品。

案例分享4

大凡管理者都知道沃尔玛的一个故事。经过对卖场销售数据的分析,沃尔玛卖场管理人员发现了一个很奇怪的现象:尿不湿和啤酒的销售额极其相近,发生时段、增幅大小几乎完全一致。

这令卖场人员很奇怪,两个完全没有关系的产品的销售情况为什么会如此一致?为此,他们做了更详细的观察和分析,最后得出答案:原来,

新零售：
实体店O2O营销与运营实战

> 很多妻子在家照顾婴儿，无暇逛超市，只能打发丈夫出来给孩子买尿不湿；这些年轻的父亲都有喝啤酒的习惯，每次都会顺便带几瓶啤酒回家。
>
> 得到这样的结果后，卖场为了方便消费者，干脆将这两个产品陈列在一起。

▶ 案例分享5

> 一家便利店老板进了一批开瓶器，心想这些小玩意也不占地，就顺手放在一个角落里。由于消费者很难看到，几个月来卖得非常缓慢，有的人看看就走了，有人问了，还需要指给他们看。
>
> 后来，负责开瓶器销售的业务员看见该老板的陈列，给了他一个主意："你把开瓶器放在酒旁边试试，我敢保证销量会提高好几倍。"结果，正如那位业务员所料，开瓶器的销量成倍增长，有的消费者甚至一次买几个。
>
> 老板有些纳闷，问及消费者原因，回答很简单：买酒的人最有可能购买开瓶器。

上述两个案例展现了陈列的技巧，尤其是某些特点鲜明的产品，常规的陈列方式是无法完全展示出来的。陈列需要研究消费者的消费心理。

正如案例分享5，开瓶器和酒瓶子息息相关，买酒的人很有可能会对开瓶器有需求。同时，陈列需要创意，没有创意的陈列就没有销量。案例分享4就是明证，啤酒与尿不湿可以说是完全不同的两类产品，但沃尔玛促销员硬是将两者联系在了一起，这正是对消费者心理深入研究的结果：大部分家庭由妻子看护婴儿，买尿不湿之类的自然是丈夫。

因此，店主要真正重视起产品的陈列，针对不同的产品，使用不同的陈列方式。

💡 店主学堂

> 任何一种产品，小到一颗珠子、一枚戒指，大到一件衣服、一款机器都有一定的陈列规律。店主必须精通产品的陈列之道，利用产品陈列展示

产品的外在美。所谓外在美就是运用多种手段将货架上的产品予以美化，对产品的外在美予以强化，借此激发消费者的购买欲望。

如何陈列却是有技巧、有原则的，一般来讲应按照以下3个思路进行。

（1）陈列多样化

消费者最关心的是所要购买的产品，一进店自然会将目光放在目标物上。这就需要货架上的产品要足够多，而且要有差异化、多样化，这样才可能让消费者有更大的挑选余地，间接地增强消费者的购买欲望。

试想一下，如果货架上的产品只有零星的几种，品种不全，消费者也容易产生一种不好的印象，消费者一旦产生这样的心理，购买欲将会大大降低。因此，陈列一定要使货架丰富起来，当然，也不是盲目地求数量，而是品质、品位也要提高，比如，高贵、上档次的产品，往往数量较少，这时可以在货架上摆放一些茶具或者工艺品等来丰富货架。

（2）尽量以组合的形式陈列

产品以组合的形式出现不仅使产品展示具有更大的延伸性，而且还能最大限度地激发消费者的购买欲望，同时还可以节约空间。据统计，运用产品组合陈列比单个陈列可提高至少10%的销售额。

需要注意的是，产品陈列的组合形式有很多种，组合的标准不同其表现形式也不同。可以根据产品的相同类型排列组合，也可以根据不同类型对比组合；可以围绕产品的外在特点进行，也可以围绕人为设置的某个主题进行排列组合，具体见表9-3。

表9-3 产品组合陈列的类型

分类组合	根据产品质量、性能、特点和使用对象进行组合。它可以方便消费者在不同的颜色、质量、价格之间挑选比较
关联组合	将不同种类但可相互补充的产品陈列在一起。这种组合方式充分运用了不同产品之间的互补性，以使产品陈列多样化，同时增加了消费者购买产品的概率
主题组合	设置一个主题进行组合，比如以季节、某一节日、事件等。这样的组合目的是创造一种独特的气氛，吸引消费者的注意力
整体组合	以一个整体进行组合，比如上衣、裤子、鞋帽等可以作为一个整体，从头至脚完整地陈列。这样的组合能给消费者以整体设想
整齐组合	按产品的尺寸组合，根据产品的长、宽、高整齐排列。这种组合突出产品的量感，一般用于批量推销或者量较大时
盘式组合	将装有产品的纸箱底部作盘状切开后留下来，然后以盘为单位堆积上去，这种组合方式是整齐陈列的延伸，表现的也是产品的量感，不同在于一般为单款式多件排列

续表

定位组合	给某产品固定的位置,一般不再作变动。这种组合方式用于名牌产品或知名度较高的产品,由于消费者购买这些产品频率高,量大,所以需要对这些产品给予固定的位置来陈列以方便消费者
比较组合	将相同产品按不同规格、不同数量予以分类、组合。这种组合方式是利用不同规格的产品价格上的差异,促使消费者因其廉价而做出购买决策

（3）营造特有的氛围

产品陈列的第三原则是,产品在不同陈列的同时要营造出一种特殊的气氛,或温馨、或明快、或浪漫。具有调动情绪、激发感情、催生欲望的作用,以消除消费者与产品的心理距离,使消费者对产品生出可亲、可近、可爱之感。店内的产品也是会说话的,通过不同的陈列可传达出一种不同的信息。

如童装专卖店,可以混合成年男性、成年女性、儿童模特儿,制造一种"家庭"式的氛围,让消费者感觉亲切温馨。珠宝、K金饰品专卖店,尽量要创造一种高贵的环境,典雅的柜台、高级天鹅绒铺垫,柔和的灯光,可使K金饰品光华四射,宝石熠熠生辉。在这些特殊的气氛烘托下,可大大增加产品的魅力。

知识小贴士

作为店主,没有权力决定消费者必须购买店内的产品,但可以为他们创造条件,引导他们主动购买。引导消费者进行消费,离不开对产品进行科学有序的陈列,只有好的陈列才能充分展现产品的优势所在。

9.5 无导购经营:多给消费者一些自由空间

对于喜欢购物的人来说,都有一个小小的烦恼:每次一进店就被导购员或促销员尾随"跟踪"。每个人都有这样的遭遇,一进店,导购就像影子一样紧随其后,有的甚至接连不断地解说,介绍这个,推荐那个。其实,这对消费者是一种严重的"骚扰",这样做结果只有一个,那就是给消费者施加心理压力,"吓跑"消费者。

对于消费者来讲,他们都有自己的选择和主见,大多数时候仍是希望多一些自己的空间,多一些选择的自由。恐怕这也是现在很多消费者逃离实体店的一大原因,要想让消费者重回线下,经营者可以学习网店的策略,不妨实行无导购经营模式。

> **案例分享6**
>
> 　　东京银座有一个化妆品专卖店,生意非常红火。该店成功经营的秘诀是"无声服务",进店的消费者一律自主选购产品,除非消费者主动要求,否则售货员全程都不会参与。目的就是为消费者创造一个完全独立自主的购物空间和挑选的环境。
>
> 　　这种独特的做法受到了许多女性消费者的欢迎,该专卖店总是拥有比较固定的消费者群体。

> **案例分享7**
>
> 　　无独有偶,香港一家女性内衣专营店也是同样的策略。
>
> 　　该店店门紧闭着,没有一个导购员,只有两名保安(女)和一名收银员。该店只允许女性消费者进入,店内四周挂满镜子,各式各样的内衣挂在架子上,并放有三围测量表,内衣着装指南、软尺以及其他宣传品等。消费者可以在宽敞的店内脱下自己的衣服,任意试穿,不会受到任何干扰。
>
> 　　再加上该店内衣品种多样,进入该店的女士都会选择几件。

上述店铺之所以能吸引一大批消费者,就因为店主巧妙地抓住了消费者"怕被打扰"的心理,从而故意放弃了推荐的机会,事实上反而给消费者营造了一个良好的购物环境。这说明,在特定的情况之下,自主销售,给消费者充分的空间更容易达成目的。那么,实体店经营者、促销员如何来为消费者营造一个自由的购物环境呢?

店主学堂

一方面是外部环境的营造,比如,内部布局、产品陈列、照明、背景音乐等;另一方面是经营人员、促销人员本身的注意事项,如推销方式、接待方式等。

(1)营造内部环境

内部布局会对消费者的感觉器官给予强烈的刺激,使其在选购产品的同时感到优雅舒适、心情舒畅,自始至终保持积极的情绪。这对于促成购买,满意度的提升是十分重要的,甚至还能让他们充当传播者,把这种满意转告其他消费者,间接提高店铺的美誉度。

① 内部布局 理想的购物环境首先取决于内部布局,良好的布局在设置上要遵循一个总原则,即视觉流畅、空间感大、具有美感、方便购物与消费等。

② 产品陈列 产品陈列在陈列技巧一节中已有详细阐述,在这里不再赘述。只是对陈列提出一点要求:要尽可能裸露摆放,价格、货号、产地、性能、规格、质量等明确地标识出来,以便于消费者清楚地观看、触摸和比较,增强对产品的感性认识。有很多店铺有故意隐瞒这些信息之嫌,直接导致了消费者对产品的信任度不高。

③ 灯光照明 店铺的照明一般可分为三类:装饰照明、基本照明和特殊照明。装饰照明在整个店铺的陈列中起着重要的作用,它可以使店铺琳琅满目、丰富多彩,给消费者以舒适愉快的感觉。对于装饰照明灯光的要求,对比不能过于强烈,尽量少用刺眼的灯光、彩色灯和闪烁灯。基本照明是为保证消费者清楚地观看、辨认产品而设置的系统,比如,商场中采用吊灯、吸顶灯和壁灯等都属于这一系统。特殊照明适用于部分特定的产品,主要目的是为了突出该产品的个性,以便更好地吸引消费者的注意。比如,珠宝、饰品需要采用集束灯光照射;时装区需要采用底灯和背景灯,显示产品的轮廓线条。

④ 音乐 播放背景音乐已经是店铺环境设置中的一个普遍现象。有调查人员发现,当消费者面临一个感情成分非常大的购买决定时,音乐的影响力可能最大。播放适合的背景音乐,可以调节消费者的情绪,活跃购物的气氛,同时可以缓解消费者紧张的购物心情,见表9-4。

表9-4 根据不同的营业环境选择相应的背景音乐

音乐题材	营业环境
欢快迎宾曲	刚开始营业的清晨
轻缓送别曲	一天的营业结束时
现代轻音乐	现代商业气氛较浓的营销环境
民族音乐	浓郁地方特色的营销环境
流行音乐	以青年消费者为主的营业环境
古典音乐	以老年消费者为主的营业环境

（2）促销人员的接待方式

除了要注意店铺的外在环境，促销人员本身的言行规范程度也是影响消费者能否愉快购买的一个主要因素。这时，要想达到整个目的，每个促销人员，包括店铺其他工作人员需要做到以下两点。

① 少说多观察　在推销中，很多卖家常常把"说"当成主旋律，恰恰忽略了听和观察。许多导购员一见到消费者就不由分说地抢话说，努力展现自己的"三寸不烂之舌"。殊不知，在只顾自己不停说的同时，也应该给消费者留一些自由空间，不然结果只能是"逞口舌之强"却失去了订单。尤其在一些特定的场合，常常会因为一句不合时宜的话将自己逼入死角。试想一下，如果一个女士正在挑选文胸，导购员频频过来推荐，还说了一大堆"要不要帮着挑""你和我差不多"等之类的话，对方肯定会感到很尴尬。即使是女导购员，消费者一般也是难以接受的。

正所谓"静者心多妙，超然思不群"，适时保持沉默，给消费者以自主选择的机会，不但不会致使消费者流失，而且还可以让对方感受到被尊重、被认可。

② 把握说话的分寸　沉默并不是一味地不说话，而是善于把握分寸，说话的时候说得到位，不该说时一句也不要说。更重要的是要有一种沉着冷静的姿态，比如，在神态上表现出的一种自信，以此来逼迫对方听自己多说话，先亮出底牌。很多有经验的销售人员在最后阶段的讨价还价中，总是不急于发言而是找准机会一下击中消费者的内心需求。

> **知识小贴士**
>
> 每个人内心深处都有自己的私人空间，而且不想任何人打扰，更何况，店铺本就是一个相对封闭的空间。如果身处一个嘈杂的环境，促销员又紧跟其后，喋喋不休，无形中就会给消费者造成心理压力。与其这样，不如给消费者创造一个自主选购的环境，让其多一些自由。

9.6 货比三家，引导消费者做对比

俗话说，"不怕不识货，就怕货比货""货比三家"，有比较才会有鉴别，有鉴别才会买到更好的产品，每个消费者都会存在这样的心理。面对众多产品，无法选择时都会试图寻找参照做个比较，最后再选择接近自己期望值的那一个。各大网店平台上都有自动对比的功能，如价格的筛选、颜色的对比等，极大地方便了消费者选购货物，而实体店在这方面比较欠缺。

这时，作为实体店的经营者、促销人员如何应对呢？就是提供参照物，及时满足消费者的这种心理。

> **案例分享8**
>
> 秦敏是某家具店的促销员，一消费者走进店铺欲买一套家具，但看到标价比别处的贵很多时便准备离开。这时秦敏主动走上前。
>
> 秦敏："先生您好，想了解一下家具吗？"
>
> 消费者："你们这个款式的家具为什么比别的贵这么多啊？我刚才看的几款价格都比较适中。"
>
> 秦敏："您是指这款吗？您看这木料、烤漆、工艺都是上乘的，还有设计方面也是非常有特色的。正所谓'一分钱一分货'嘛。"
>
> 消费者："从外观上看，的确精巧些，我也比较喜欢这类型的。"
>
> 这时，秦敏拉着这位消费者来到另一款家具前："先生，这就是您先前看到的那款吧？"

看到消费者不住地点头，秦敏继续讲起来：您可以对比一下，这款比刚才的那款要短一截，至少在10厘米以上，而且木板较厚，里面储存物品的空间也大大受到限制。

"另外，我们这里的组合柜还做了两个抽屉，并配有暗锁。这样，如果您放一些较贵重的东西的话，就非常安全了，这是其他组合柜没有的功能。这一比您就知道，我们这里的组合柜与一般的组合柜不能相提并论。所以说，您多花上一点钱是非常值得的。"

经过一番对比，消费者终于搞清了两者存在的差距，也对较贵的那款家具有了新的认识。

在现实中，像上述例子中这种类型的消费者非常多，他们总是喜欢进行比较。其实，这也是人的一种常态，我想每个人或多或少都会有，在准备购买之前都希望多做比较，总认为还有更好的在后面。在了解到消费者的购物心理后，尤其在其犹豫不决、难以下决定时，要善于运用对比方法逐步地去化解，消除他们心中的疑虑，取得一致的认同。

店主学堂

有比较才会有鉴别，有鉴别才会买到更好的产品，每个消费者都懂得这个道理。在销售中，价格对比也是一种促销方法，通过价格使产品与产品之间实现对比，如图9-2所示。

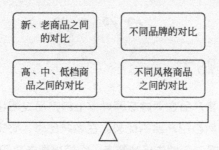

图9-2 不同产品之间的对比

为了取得更好的比较效果，需要掌握一定的操作技巧。通常来讲，当对两个事物进行比较时，大都是从纵向和横向两个方面入手。

（1）同类产品的纵向比较

对产品进行比较，必须在同类产品之间进行，因为只有同类产品才有一个明确的衡量标准。以自己产品的优势与同行产品相比较，通过对比，突出自己产品在设计、性能、声誉、服务等某些方面的优势。因为，产品的价格在明处，产品的优势和价值在暗处，很多消费者都是根据看到的产品价格做出判断，消费者不会自行分析某种产品的内在价值，因此，导购应主动帮消费者分析，这不仅可以巧妙地转移消费者的关注点，还可将消费者的视线由价格转移到优势上来，从而达到化解消费者的价格异议。

（2）不同产品的横向比较

与纵向比较不同，横向比较是不同产品之间的一种比较方法。指在某一标准的基础上，对不同产品的不同对象进行比较。比如，选择两个品牌的产品，或者普通产品和名牌产品。这种比较法必须有某一具体的比较标准。比如，比较性能，就不能按照规格、制作材料等标准来衡量。如果在这些条件都相当的情况下，普通品牌的产品销量反而比名牌产品高，这足以说明这个品牌的产品有特别的优势。

在向消费者做对比分析时，有一点是非常重要的，那就是对竞争对手的产品要有一个深入的了解、客观的评价。倘若对对方的产品一无所知，对比起来难免就会有偏颇，从而也就失去了客观公正性。有的导购竟然演变成对同行商品的攻击，这样，反而容易引起消费者的反感。保持客观公正的评价，更有利于消费者集中注意力去倾听，否则，对方很可能会进行反驳，当再次诉说的时候，则会大大减弱说服力。

知识小贴士

在推销中，将产品在两种或两种以上的产品之间进行对比，目的就是让消费者认识到自己产品的优势。在做对比时，必须客观公正，把产品之间的差距明明白白地告诉消费者，促使消费者自己做出判断。

第⑩章

O2O营销之线下运营——利用炫美视觉刺激消费者购买欲望

> 回归线下是O2O模式的另一个方面，线上只是产品宣传、消费者引流的一个手段，最终落脚点仍在线下。吸引消费者的眼光，首先需要从多方面做起，如店铺的名称、Logo、选址以及内部布局等，以给消费者营造良好的购物感受，让其流连忘返。

10.1　名称：商名叫响，黄金万两

在繁华的道路两侧经常能看到各式各样的店铺，但在过往行人的眼中大部分犹如过眼烟云，只有那些在视觉上能给人眼前一亮的，才能瞬间吸引他们的眼球，进而激发"走进去看一看"的欲望。

这就不得不提到能影响店铺兴衰的一个非常重要的因素——店铺名称。常言说得好，"商名叫响，黄金万两"。好的店铺名宛如一曲动人的歌谣，能够瞬间滋润人的心田；又如一首感人肺腑的诗篇，给人以美的享受。

给店铺起好名字，要以符合消费者心理感受为最高标准，目的是最大限度地促使他们产生购买欲望。当前，人们在消费时追求多样化的趋势越来越强，在购物时已经突破了单一地追求产品的质量、价格这一思维禁锢，相反，消费者会更多地注重心理上的感受，即求新、求异，求获得更多的心理慰藉。只有符合消费者心理预期的产品，才能进一步获得认可和信任。其中，店铺的名字是不可忽视的，因它时刻影响着消费者的心理。

名字起得好更容易获得消费者的青睐，著名品牌"索尼"的改名事件在很大程度上反映出了名字的重要性。

> **案例分享1**
>
> 索尼电器全球闻名，一提起索尼所有的人都连连赞叹。可是，有多少人知道这个品牌是如何被人熟知的？
>
> 索尼，前身只是日本一个小小的株式会社，名叫东京通信工业。在当时，店铺发展有限，创始人盛田昭夫不满足于此，希望打开国际市场，进军美国。他第一个策略就是改名字，东京通信——这个名字既不好念又不好记，尤其是不利于美国消费者记忆。
>
> 他没想到，修改公司的名字这件事却遭到公司很多高层的反对，他们认为名字一换就意味着多年积累起来的资源要推倒重来。
>
> 有人提醒他说："这样风险太大了，很有可能使东京通信在国内10年建立起来的信誉一扫而光。"
>
> 盛田昭夫义正词严地说："如果有可能，这些牺牲也是有必要的，当前最重要的就是如何更好地适应国际市场。据美国分公司反馈过来的信息，

我们产品很难打开美国市场，我认为名字不够响亮就是一个重要原因。"

反对者说："你做这种毫无意义的改变，到底是什么意思？"

盛田昭夫说："为了使公司产品销往世界各地，为了改变日本产品在世界市场上品质低劣的形象。"

反对者说："那为什么必须这样做呢？"

盛田昭夫说："当今世界范围内，最有影响力的两种语言是拉丁文和英文，Sony这个词两者兼具，拉丁文为'音'；英语为'可爱的孩子'。这样一来更能迎合欧美国家消费者的心理"。

最后，盛田昭夫还是顶住了内外重重压力，终于决定采取这一措施。事实证明，修改名字后，索尼产品果然打开了国际市场。据说，索尼公司当时用37美元/台买进上海产的收录机，贴上自己的商标，就可卖80多美元/台，可见，品牌的力量多么大。

盛田昭夫为什么要力排众议，为公司改名呢，最主要的一点就是Sony更便于推广，更容易被消费者识别。这个案例充分反映出一个公司的品牌影响力的重要性，尤其是在市场开拓、吸引消费中起着决定性作用。

产品名称虽然只是一个符号，但其背后蕴含的企业文化和经营理念却是不可忽视的。我国古代做生意的人，无论是开客栈的、开茶馆的，还是开饭庄的都爱在门前挂着锦旗，或竖立木板，标明店铺所售卖的东西，比如，"茶""客栈"之类的。其实，这就是名称，是揽客的一种手段。社会发展到现在也是如此，名称成了店铺形象的标识，它是一种重要的广告，也是文化、软实力的一种体现。

实体店如此，网店也是如此，对于网店而言，店铺名称更为重要，因为在虚拟的平台上，店铺名称成为消费者了解企业、了解产品最主要的窗口，一个失败的名字很难给大众留下深刻的印象。

店主学堂

因此，一个好的店铺首先要在名字上下工夫。但是，给店铺选择名字时要遵循一定的原则，具体包括以下4项。

（1）易听、易懂、易记

店铺名以简单易记、便于识别为原则，说着顺嘴、听着顺耳，能给消费者耳目一新的感觉。要求口语化，形式新颖、不落俗套，能迅速抓住消费者的心理，引起他们的兴趣。

如"一口鲜""大三元""狗不理"之类的商店名，都能使消费者产生兴趣和好奇心。

（2）能向消费者传递特定的信息

店铺的名称是向消费者传达相关信息，使之看过后能获取某种信息。比如，洗衣店取名"衣衣不舍"、中药店取名"国医堂"、饭庄取名"楼外楼"、淘宝店取名"淘淘居"都能给人传递某种特定的信息。

（3）名称要有依据，不能随心所欲

根据自己所销产品的特点以及消费者的喜好，做到有的放矢。即综合多方面因素来考虑，具体如下。

① 与其行业属性相吻合：如汽车美容可取名"喜车王""美丽车坊"；酒吧可取名"醉行轩""情浓意酒"。

② 能展现出美好的向往和想象：如影楼取名"留春阁"会使消费者感叹而留步；游戏机专卖店取名"玩虫社"，会使消费者眼前一亮。

③ 有文化底蕴，给人以美感和艺术修养：如，中药店同仁堂、德仁堂，其古典韵味可见一斑；

④ 符合地区文化特点和消费习惯：如常州"大娘水饺"、上海"金师傅馄饨"的地域特色十分明显。

⑤ 蕴含正面的、积极的，避开不祥的数字和字眼：如"瑞蚨祥"的"瑞""祥"就象征万事吉利；"全聚德"的"全""聚"寓意数量众多；"老正兴"的"兴"在于求生意兴隆。

（4）不能违背消费者的常规心理

从心理学角度来看，任何人在看待事物、思考问题时都有自己最基本的判断和常规的思维模式，这些判断和模式就形成了一些约定俗成的心理状态，比如，对某个人判断，有好与坏，喜欢或讨厌，对某件事情的看法有对或错等。店铺在命名上必须把握这个大方向，不能违背大多数人的这种判断和逻辑，否则不但无法获得关注，反而会引起大多数人的厌恶。

如一家专门提供夜宵的餐馆名叫"深夜谈吃"，这个名字表面上没什么问题，细细分析就知道不符合常理。夜宵定位在晚上很合理，但深夜就不合适了，尽管深夜有一部分人需要吃饭，但对大多数人来讲是休息时间，一旦影响到这部分人的休息，势必会遭到抵制。

知识小贴士

好名字是店铺无声的宣传员，也是最宝贵的一笔财富，纵观那些百年名店、老字号，其店铺名称往往是最大的招牌。即使店址、产权几经更换，名声仍不受影响，店前车水马龙，消费者络绎不绝。

10.2　Logo：让消费者一眼记住你

　　Logo与店名一样都会成为消费者的口碑，不同的Logo在品牌塑造上对消费者的影响力也是不同的。互联网时代，Logo的设计原则以简化、形象为主，以便于在虚拟的传播中更易被识记、被传播。

　　成功的Logo在视觉上能给人强烈的震撼，意义深远、特征鲜明、容易识别，让人看一眼就容易记住。比如，李宁、阿迪达斯的运动服，它们的Logo非常简单，很容易被消费者记住，同时也折射着独特的店铺文化和特殊寓意。

▶ **案例分享2**

　　爱好体育的人，或许对李宁服饰的Logo有较深的印象，甚至是钟情。"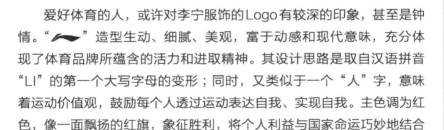"造型生动、细腻、美观，富于动感和现代意味，充分体现了体育品牌所蕴含的活力和进取精神。其设计思路是取自汉语拼音"LI"的第一个大写字母的变形；同时，又类似于一个"人"字，意味着运动价值观，鼓励每个人透过运动表达自我、实现自我。主色调为红色，像一面飘扬的红旗，象征胜利，将个人利益与国家命运巧妙地结合在一起。

　　由于李宁在体育界的特殊地位，以及取得的巨大成就，其Logo的设计有着非常多的特殊含义，这里重点不讲这些。单从广告设计、表现手法上来看，这个Logo也是非常有特点的：简洁而略带夸张的抽象图形，与文字、符号巧妙结合，给人一种强烈的现代感、视觉冲击力量。

拼音字母"L"的横向扩大,其实并无特别的寓意,这些表现手法虽然只是为了增加人的视觉感受,但对产品的宣传、消费者的心理触动作用也是不可低估的。

在Logo的运用上,除了一些名牌店铺做得比较好,如设置合理、宣传到位等,其他绝大部分店铺都做得非常普通,有的形同虚设,有的根本没有。其实,这与店铺管理者、经营者的错误理念有关,或者没有意识到,或者意识到了却没有真正地重视起来。

店主学堂

店铺Logo作为一种非常重要的标识,得不到应有的重视,就会导致产品在推广上失去一股重要的力量。作为一个经营者,无论是管理大店铺还是小店铺,他们之间不同的是规模与管辖范围的大小以及员工的多少,但有一点是共同的,即科学的、正确的管理理念,也就是说,一定要先找到最适合店铺的管理方法。首先要设计出一个富有创意的、容易被人记住的Logo标识是做好管理工作的最基本内容之一。

那么,实体店经营者如何来规划、设计店铺的Logo呢?纵观那些国际知名品牌的Logo,就会发现一些共同的特点,这些特点正是它们成功的原因。

(1)综合利用图形、文字或符号

Logo可以用文字表示,还可以用字母、图形、符号、图文混搭。在Logo的表现方式上,尽量避免单一的元素,比如,纯文字、图形或符号,而是要尽可能综合使用,使这些元素巧妙地结合起来,优势互补,增强视觉直观感受。

比如,上述例子中讲到的李宁牌运动服,将拼音字母"L"横向夸张的图形与英文"LI NING"相结合为标志。日本五十铃公司以两个梯形组合为标志,为使所标志的事物不易被模仿,这种标志最好配有少量小字、符号等,一旦出现山寨品,也能辨别它。

(2)可以简单,但一定要有创意

现在的大小品牌多如牛毛,消费者不会刻意去关注某一个品牌,只有那些简单且有创意的品牌才能留在人们脑海中。

全球五十大驰名商标之一的苹果，其"被咬了一口的苹果"标志非常简单，却让人过目不忘。苹果电脑作为最早进入个人电脑市场的品牌之一，一经面市便大获成功，这与其简洁明了、过目不忘的标志设计密不可分。耐克品牌的"✓"，可以说是再简单不过了，但它在体育场上无处不在，给人以丰富的联想。

（3）讲究字体与色彩运用

字体和色彩是Logo设计中非常重要的一部分，一个好的创意只有通过合适的字体、颜色搭配才能得以充分体现。

① 对字体的基本要求是要容易辨认，不能让消费者去猜；要体现个性，与同类品牌有所区别，见表10-1。

表10-1 不同产品类型Logo的字体特征

Logo字体	特征
食品	多以明快流畅的字体，以表现食品带给人的美味与快乐
高科技产品	多为锐利、庄重，以体现其技术与实力
女性用品	多为纤细秀丽，以体现女性的秀美
男性用品	多为粗犷、雄厚，以表达男性特征

② 在色彩的运用上，要熟练掌握色彩的搭配技巧，不同的色彩会有不同的含义，给人印象也会大有不同。

百事可乐的圆球标志可以说是色彩搭配最成功的典范，圆球的上半部分是红色，下半部分是蓝色，中间是一根白色的飘带，好像一直在流动着，使人产生一种欲飞欲飘的感觉，给人以极为舒服顺畅的视觉感受。这与喝了百事可乐后舒畅、飞扬的感官享受相一致。

③ 相同的颜色也会因为地区、文化、风俗习惯的差异而产生不同的联想。因此，在不同的地区需要因地制宜，对色彩进行调整。

（4）准确表达行业特征

Logo，归根到底是为产品服务的，在设计时要能够传递给消费者这样一个信息："这是个什么产品，这个产品有什么功能。"比如，食品行业讲卫生、美味；药品行业讲究健康、安全；房地产行业讲究温馨、环保等。那么，Logo就要能很好地体现出这些特征，否则，会误导消费者，或者不能给消费者明确的指示。

比如，"M"是一个非常普通的字母，它作为麦当劳标志时，其圆润的棱角、柔和的色调是美味、干净、舒适的象征。但作为摩托罗拉（Motorola）的标识时，就设计得棱角分明、双峰突出，充分表达出品牌的高科技属性。

知识小贴士

Logo，是一个品牌区别于另一个品牌的标志，具有独创性、唯一性的特点。在店铺经营上，如果能设有自己的Logo，这对于店铺品牌的推广、产品在消费者心目中的影响力起着巨大的推动作用。

10.3 选址：店址直接决定客流量

当确定开店后，最先考虑的问题就是在什么地方"安家"。这是非常重要的，直接决定着今后的经营状况。"一步差三市"，也就是说，差一步很可能就如隔三个市场。开店铺讲究天时、地利、人和，天、地、人三者同时具备，才能达到最完美的状态。这里的"地"指的就是选地址。

选址是一门很大的学问，尤其是小店铺，人气旺必须靠一个好的"黄金地段"来带动。如麦当劳，基本都是以店铺的形式出现，所到之处总能成为当地人气最旺的店铺之一，这源于他们对选址的重视，麦当劳有严格的选址原则。

案例分享3

麦当劳是全球最大的连锁快餐店之一，店铺遍布全球很多国家和地区。在地址的选择上，无论在哪里都要经过一系列的讨论，总部、地方公司全部参与，层层把关，最终做出决定。久而久之，也逐渐形成了一套相对固定的选址原则，具体如下。

（1）消费人群最集中的地方

麦当劳的消费群体主要集中在年轻人和孩子，这一定位决定了必须选择该群体人流量较大的地方。比如，商业街、大型商场、超市、娱乐场所、车站附近等，这些都是年轻人和孩子最集中的地方，是潜在的消费者。

（2）周边配套设施相对完善

细心的人都会发现，很多麦当劳店铺是"店中店"，其实这正是他们的一个选择原则：与周边的产业结构形成互补。比如，周边是商业区、住宅区，保证有足够的消费力；与肯德基相邻，达到优势互补，资源共享。

（3）不急于求成，着眼于长远

麦当劳很多店铺地址，瞄准了有发展前途的商业街和商业圈，或新建的学院区及住宅区。这也是麦当劳布点的一大原则：着眼于未来，坚持二十年不变。因此，在考察选址时会结合城市的规划。比如，是否会出现市政动迁和周围人口动迁，是否会进入城市规划中的"红线"范围。

麦当劳的谨慎为他们在全球范围内的业务开展提供了保证。对于大部分中小店铺来说，虽然没有麦当劳的品牌吸引力大，也没有麦当劳公司如此科学完善的商业计划，但是，麦当劳选址的很多原则在商业圈内是通用的，完全可以借鉴利用。

店主学堂

很多店铺开业后，支撑不了几天就关门停业，从商业角度讲，选址也无非注意三点：一是商业气氛要好；二是地理位置要好；三是消费者比较集中。

（1）人流量大的地方

客源是店铺盈利的最大保证，因此，在成熟度和稳定度比较高的商业区开店非常重要。

比如，规划局计划开发某一地区，将来会形成一个商业气氛浓厚的商业地带，但尚未进入施工阶段。这个时候，你会选择吗？有些人看中未来肯定会毫不犹豫地选择。但是，如果是麦当劳、肯德基肯定不会这么做，一定要等到商业圈成熟稳定后才进入。这就是为什么强调要在最聚客的地方和其附近开店。

（2）人流不易分流的地方

选址一定要考虑人流的主要线路。有很多实体店经营者在选址前会简单地认为，这里人流量很大，应该能满足供应。但是他们忽略了一个最大的问题，就是这些人流会不会被竞争对手截住。客流都是流动的，在这个区域里人流也许很大，但是拐一个弯也许就小了。拐一个弯看似差异不大，但是很容易出现截流、分流等情况。

比如，人们从地铁出来后，在地铁口会聚集200人，但一出来马上就会向东西南北四处分流，你的店铺如果在出口东面的话，按比例只有50人经过。所以说，人流量大小只是一个含糊的概念，必须能掐会算，用数据说话，在选址之前有一套完整的数据分析后才能据此确定。

（3）选择一个好邻居

远亲不如近邻，好邻居生意好的话，可以带来客源，实现优势互补。因为在大部分消费者看来，彼此相邻的店面，其产品质量也相当类似，所以，跟类似的品牌坐落在同一地点十分重要，这就是所谓的"寄生"策略。

比如，在大百货公司旁开服饰店、在高级超市旁开饮食店，消费者被名店、大品牌吸引的同时，也会注意到旁边的小店铺。

知识小贴士

在遵循天、地、人三者协调的同时，还要结合本店铺的实际情况。比如，有的行业对地理位置要求不是很高，可以选择在闹中取静的地方，首先是房租便宜，其次是服务很完善。

10.4　橱窗：让产品鲜活起来

橱窗好比人的脸面，姣好面容必然会赢得更多人的喜欢和青睐。无论店面大小必须打造好这张脸面。因此，店主在设计店铺时，最好打造出一块专属"橱窗"，并用心去设计，势必会收到意想不到的效果。

橱窗,是产品展示绝好的载体,不但可以使产品得以全方位的展示,呈现出"立体"的效果,而且让消费者从橱窗中了解品牌风格和文化。当前的橱窗展示已经受到了所有店铺店主的认可和重视,尤其是知名品牌店铺对橱窗的要求,无论资源投入还是内部设计已经达到了一个非常高的程度。

大家对Zara应该非常熟悉,在大城市的繁华商业街,一般都能看到Zara的店面,他们的橱窗陈列就非常有特色。来看一下他们的橱窗设计是如何做的?

案例分享4

Zara的橱窗展示,总结起来就是八个字——成套陈列,组合推动。

先来看一套组图,如图10-1所示。

模特身上的衣服、裤子是要展示给消费者的主产品,最醒目的是身上还配有鞋子、背包、围巾等配饰。

再看看另外一组陈列,如图10-2所示。

图10-1　Zara橱窗陈列实效图(一)　　图10-2　Zara橱窗陈列实效图(二)

男模特戴了一顶帽子,领口挂了一副眼镜,显得很随意、很休闲、很青春。

这只是Zara橱窗展示的一个代表,还有很多类似的设计。也许有人会觉得好奇,Zara为什么要特意突出这些小细节呢?其实,正是将产品自然巧妙地组合搭配,成套陈列,才充分体现出他们的品牌风格和主题。

新零售：
实体店O2O营销与运营实战

> 这种成套的创意组合陈列，让消费者体会到了整个品牌的风格、气质以及对细节的重视。从而对产品不由地产生了想要拥有的欲望，进店购买就是自然而然的事情，也就难怪Zara的销售业绩在同类店销中一向出类拔萃。

人类对事物的认知，70%靠视觉，20%靠听觉。橱窗，正是利用了人的视觉神经，达到诱导、引导消费者的目的。有人曾这样说："让消费者的眼睛在店面橱窗前多停留5秒钟，你就获得了比竞争品牌多一倍的成交机会。"

店主学堂

一个有创意的橱窗展示，才能最大限度地抓住消费者的眼球，从而引导他们积极地去购买。大多数店铺已经意识到这一点，也开始在橱窗设计方面下工夫，不过，若想真正赢得消费者的青睐还需要掌握3点技巧。

（1）分清橱窗类型

为更好地适应市场的变化，充分把握消费者的心理需求，设计橱窗前必须了解橱窗的类型，抓住重点。只有抓住重点，突出创意才能有更多的消费者光临。

橱窗有很多类型，不同类型的橱窗，在设计时所要把握的重点也不尽相同，按照陈列的不同标准，可划分为五大类型，见表10-2。

表10-2　橱窗陈列的划分标准以及类型

划分依据	定义	类型
橱窗宣传主体	按照产品的类型进行组合	同质同类；同质不同类；同类不同质；不同质不同类
陈列的顺序	按照不同的次序进行组合	从左至右；从上至下；按照类别分组排开
橱窗宣传主题	围绕某个宣传主题，制造特定的情境，选择相关的产品进行陈列	向消费者集中传达一个主题，比如元旦陈列、世博会陈列等节日陈列；场景陈列；事件陈列
橱窗产品独特性	采用独特的表现手法，着重推介某一类产品	新产品陈列；特色产品陈列
季节的变化	根据季节的变化，对陈列产品做相应的调整，以满足消费者应季购买的心理需求	春季产品陈列；夏季产品陈列；秋季产品陈列；冬季产品陈列

（2）结合整个店铺的大环境

橱窗作为店铺的一个组成部分，不是孤立存在的，任何创意和设想都需要与其存在的大环境相吻合。因此，在对橱窗进行设计时要考虑到整体，从整个店铺的大局出发。具体而言，需要从以下4个方面与店铺风格保持一致，如图10-3所示。

图10-3　保持风格一致的4个方面

（3）橱窗的设计技巧

看到很多服装店橱窗里的模特，仅仅穿一件衣服或裤子，光着头，光着脚丫子，何来美观之谈？这是非常大的失误！站在消费者的角度去看，一个精心设计过的橱窗店铺，与一个设计粗糙的橱窗店铺相比，大多数人更愿意光顾前者。如果一个店铺，它的橱窗设计过于单调，毫无新意，则很难引起消费者走进去的欲望。在此，有几个设计技巧需要参考。

① 背景的设置　橱窗背景包括对橱窗各方面的布局，也包括对橱窗色彩的搭配。通常而言，橱窗的形状要大而完整、单纯，切忌复杂的装饰。在色彩调配方面，适宜使用明度高、纯度低的色调，也就是明快的颜色，如绿、粉、天蓝等。总而言之，背景的颜色以能够突出产品主题为佳，以免喧宾夺主。

② 道具的选择　橱窗设计要有故事性，有主题感，单调的人、物、花很难吸引人。因此，具有可塑性的模特以及道具的选择就尤为重要。比

如，可以选择面部表情丰富及动作不拘一格的模特，这样可以传达出动感、欢快、休闲的感觉。此外，可以适当地选择一些道具，如桌、椅等，营造出一个立体的、具有情节的氛围，从而增加橱窗的吸引力。

③ 灯光的运用　灯光是最能够吸引路人的元素，因此每个橱窗在灯光配置方面都应充满想象力和创造性，比如可以采用顶灯、下照角灯等立体设计，从而获得由反射、折射而来的柔和光线，如此既起到了照明的作用，也极具装饰效果。同时，橱窗不是越亮越好，而是能以衬托出服装的亮点为佳。比如，光线要尽量柔和隐蔽，集中照射在背景和模特身上以衬托服装，同时打造出一种亲切随意的氛围。

④ 广告语言　橱窗除了展示功能外，还是最好的宣传阵地，因此恰当地使用一些广告语言可以加强橱窗的主题表现。但是，由于橱窗空间有限，不可能融入大篇幅的文字，所以橱窗中的广告语言要精练、简短、有新意，以标题式的广告用语为主，既要唤起消费者的兴趣，又要易于朗读，便于记忆。

橱窗的设计也是店铺进行产品促销的手段之一。其对吸引消费者进入店铺购买具有重要的意义。每个店主都希望打造一个独树一帜的橱窗，但是做得好、做得有创意却并不容易，必须遵循一定的原则，运用一定的技巧。

10.5　POP广告：让供需实现无缝对接

当前正是"时尚消费"和"品牌至上"的社会，在这个条件下卖家都喜欢在广告宣传上下工夫，品牌形象、产品信息呈现出空前的大爆炸状态。对消费者而言，由于时刻处于各种信息的包围之中，从而对大众、传统媒介信息视而不见，面对各种各样的产品信息也开始熟视无睹。

这个时候，如果能有POP广告提示的话，往往会收到良好的效果。

第10章　O2O营销之线下运营——利用炫美视觉刺激消费者购买欲望

> **案例分享5**
>
> 　　南京新街口百货商场是南京比较大的购物商场，但是，旁边的金鹰等高档商场吸引了大批中高层消费者和很多零散消费者。处于劣势的新街口百货商场客流量明显无法与之相比。
>
> 　　商场为了迎来更多的消费者，创造更卓越的销售业绩，又逢外部装修、金秋十月的有利条件，新街口商场举办了一场以"大干四季"为主题的促销活动。具体操作方式是根据十月天气转凉的实际情况，重点推出秋冬新品，尤其是在商场内部POP的设置上下了一番工夫，说白了，就是让消费者一进店就能看到与需求相对应的供应，再加上全新的宣传形式、整齐的陈列，配上色彩的搭配，能给人以温馨温暖的氛围，增强购买欲望。
>
> 　　10月份天气开始慢慢转凉了，所以他们在进口处放置了羽绒系列的产品，给消费者特别温暖的感觉，不仅是门口，包括商场内部各个角落都在工作人员精心设置下挂上了吊牌、海报、小贴纸等，凡进入商场的人，都可以轻而易举地找到自己想要购买的产品，即使是没有购买需求的人，也因为各种展示物或者宣传语而忍不住行动起来。这就是POP营造出来的氛围，收获效果也很明显。

店主学堂

　　POP是店铺促销中非常实用的一种工具，它是产品信息最集中的反映，使消费者随时随地了解即将购买的产品。在一些较大的商场、卖场、超市等会经常出现。空间大、产品种类多、促销人员短缺、服务不到位等情况，往往会造成没人为消费者服务的局面，这时POP广告的作用就出来了，它会及时弥补促销员不在场造成的不便。

　　POP是20世纪30年代起源自美国超级市场和自助商店的一种店头广告形式，60年代开始扩展到世界各地，并广泛出现于商场、连锁店这种自助性的零售市场。狭义上是指，购买场所和零售店内设置的展销专柜，以及悬挂、摆放在产品周边，可供消费者看的广告媒介。比如，招贴广告、服务指示、内部宣传刊物等，广义上还包括商店的牌匾、悬挂的广告、条幅、装饰品以及广播、录像等。

可见，POP广告并不是狭义理解的那样，只指产品的指示牌，而是一个品类齐全、种类繁多的宣传系统，不但具有告知功能，能唤起消费者购买欲望，还有烘托销售气氛，提升店铺形象的功能。

正因为此，POP对促销所起的作用也不尽相同。为了更好地理解，下面详细介绍一下POP的种类，以及设计原则、摆放原则。

（1）POP的种类

按放置的位置可分为店头POP、店内POP和陈列现场POP，具体见表10-3。

表10-3 POP广告的种类、形式及作用

种类	形式	作用
店头POP	店铺名称、装饰风格、特色、模特、橱窗展示、布帘设计	将本店的相关促销信息、促销内容告知消费者；突出促销主题，营造促销氛围
店内POP	特卖POP、优惠POP、廉价POP、提示性的POP；橱柜、陈列箱；某促销活动特制的海报、广告板、标语、充气气球、专柜展示POP、场地引导POP	告知消费者产品信息、促销形式（特价、优惠），以及为方便消费者选购产品提供便利条件
陈列现场POP	展示卡、牌架、分类广告、价目表	展示产品的基本信息，包括品质、价格、使用方法等，并将相关信息展示给消费者

（2）POP的摆放原则

通常来讲，一个店铺不可能只有一种或几种POP广告，而是多种形式同时使用。那么这就涉及摆放的技巧，要层次分明、重点突出，便于消费者看到。其中有几个原则是需要注意的，见表10-4。

表10-4 POP广告摆放原则

张贴型的	如果需要贴在橱窗上、玻璃上、墙上，或者产品本身上，最好贴在右下角，水平横贴或稍微向右上方倾斜；如果需要张贴在模特身上，最好贴在左胸部。值得注意是，POP广告不能过大，甚至比产品还大
垂挂型的	不适宜太重的广告，同时不要离宣传产品太远，以免消费者不知道对应的是哪个
摆放型的	有些POP广告是摆放在橱窗或架子上的，摆放的位置不能太高也不能太低，以消费者平视能看到为宜，通常离地面75～150厘米，同时也不能被其他物体遮挡

（3）POP的设计原则

① 突出主题　POP广告的设计必须紧紧围绕某个促销主题，并以所确定的主题来统一思想，确定设计思路和方案。只有时时刻刻突出促销、强调促销主题，才能发挥对该促销活动的指示和指引作用。

某商场消费群体基本上是集中了周边的几个社区，该商场根据老消费者相对集中的情况，确定了一个很有特色的促销活动：对××社区居民逢节必有'惠'。在该主题下，商场刊登了促销信息，设计的宣传单、海报都是围绕老消费者进行的。这些老消费者一到节假日便有意识地去了解有没有促销信息，希望通过这些宣传得知商场哪天、哪个专柜有什么样的促销活动。

② 突出个性　POP广告要想足够吸引人，另一个影响因素就是要有个性。任何广告必须体现出自身与其他同类之间的差异性，比如，特有的风格、特有的代表色或特有的标识设计等。个性一方面是为了体现自我，彰显特色，另一方面也是为了更好地迎合消费者多样化的需求。

某杏仁露专卖店，每个专卖柜上都摆有一个小小的葫芦桶，设计精美。桶体以经典的蓝色和白色为主色调，红色点缀，表面绘有"某杏仁露"的罐体包装图案，并且印有此品牌的标志，图案简洁、色彩明快，看起来就像一件设计精美的艺术品。葫芦桶深受进店消费者的欢迎，有的人为做留念也宁愿购买，小小的葫芦桶为该品牌增添了超强的品牌联想力和亲和力。

③ 综合利用各种要素　正如之前所提到的，POP广告是个综合性的系统，由各要素组成，涉及店铺中的方方面面，如门面装潢、招牌设计、橱窗陈列、支架、模特的摆放以及声光设备等。在进行POP设计时，要尽可能地综合利用这些要素，让这些要素的作用准确地、恰如其分地发挥到最好。

④ 注重统一性与协调性　POP广告各要素之间是相互联系的，并且具有极大的共性和相似性，某一个或一类要素不符合要求，就会破坏整个店铺的协调性。这个原则要求在设计某个或某类POP广告时，要兼顾到店铺的其他要素和整体。比如，橱窗陈列、卖场布置的风格必须相对应，才能给消费者以浑然一体的感觉。

知识小贴士

POP广告是店铺促销中最简单易行的一种工具，制作简单、成本低、操作便捷、容易上手，是每一个店主、管理者甚至普通店员必须掌握的一种促销方式。

后 记

真正的O2O体系为什么难以打造？

随着互联网、移动互联网的广泛运用，O2O营销已经成为传统企业巨头、电商企业、中小型企业以及个人创业者最热衷的营销模式。然而，这种模式自2015年以来正陷入一个冰火两重天的窘境。

1. 有人欣喜有人哭，一大批O2O企业死在创业路上

曾在某网站上看到这样一个奇怪的现象：上面是"×××O2O关门倒闭团队解散"的新闻，下面是"×××O2O项目融资1.2亿美元"的新闻。这种消息是让人振奋呢？还是悲哀呢？生死之间就差一个行距。这就是O2O发展现状，有人欣喜有人哭。

2014年是O2O爆发元年，之后大量O2O企业涌现出来，很多实体企业也开始建立O2O方面的运营，以打通线上线下渠道。然而，做O2O并不仅是打通线上线下渠道那么简单。大部分企业正是死在了这样的偏颇理解上，如很多实体企业做O2O就是打通线上渠道，电商做O2O就是将消费者引流到线下，还有更多中小企业、个人品牌热衷跨界、盲目跟风、过度寻求平台化，大肆烧钱，其实这样是极其错误的，这也是导致O2O营销体系失去运行根基的主要原因。

（1）热衷跨界

O2O企业快速死掉的第一大原因是盲目玩"跨界"，跨界是互联网时代的一个重要内容，但不能随便玩、瞎玩。在O2O的过程中很多都是缺乏行业的外行者在创业，在没有行业资源积累、用户积累的情况下，无法进行用户的口碑传播，无法用技术平台来吸引用户，生存就十分困难。

（2）盲目跟风

大多数死亡的O2O企业都集中诞生于2013年、2014年，他们大多是在稍感知到O2O带来的红利时就疯狂涉入，丝毫没有思考。这也使一些企业在实施O2O时盲目跟风，这不是对跟风行为的全盘否定，而是要在自身有着深厚沉淀和积累的基础上，同时，要善于与创新结合。

（3）过度平台化

我们知道，做O2O最主要的是有自己的平台，或者与第三方平台寻求合作。但这并不意味着有了平台就成功了，或者说，以放弃企业原有的成熟业务模式为代价，去选择没有任何积累的线上平台模式，这样一来，原先所有优势几乎都被成本吞噬掉。由于在缺乏平台双方资源必要积累的前提下，只能被动选择金钱补贴方式来吸纳用户，大大限制了价值发挥的空间。

（4）大肆烧钱

很多O2O项目融资情况是很糟糕的，融资资金非常低，因而也导致了很多企业开始打烧钱大战。企图依靠真金白银打出品牌影响力，争取更多的用户资源。要知道，消费者看的不是广告，而是效益，没有真正能为消费者带来利益的项目和模式，投入再多的钱也效果甚微。

这些简单的运作并不能称为真正的O2O，这样硬生生"造"出来的所谓需求，无法持续，直接导致了2015年变成了O2O行业的深度整合和调整期。

2. O2O企业未来生存之道：升级、服务、专业和创新

一大批O2O企业死在创业的道路上，也使人们开始重新评价O2O模式，对其价值进行重塑。做O2O关键是要形成一个完美的闭环体系，该体系需要有需求对接和完善的支付系统，还需要有应用场景等，缺一不可。而现在的实际情况是，无论哪个环节都是脱节的。比如：百度，还没有自己的支付系统；淘宝，虽然有了强大的支付系统，但还未拓展线下实体店；腾讯有强大的用户群体和支付系统，却还没有为用户建立场景化服务。只有打通了不同场景之间的联系，才能让商家和消费者形成完整的线上线下交易闭环。

少了支付系统、实体店、场景化中的哪个环节都无法建立真正的O2O闭环，这就是为什么那么多企业在努力创建自己的O2O闭环体系却效果不佳的原因。

O2O闭环并不是打造一套线上线下的流程即可，它更侧重人与服务、需求与满足的有效匹配和连接。用户在这个服务的闭环里完成需求，商家通过该闭环不断更新自己，这样才能将闭环打造得更为完善。

这也为所有实体经营店更好地做O2O提供了一个思路，这个思路包括4组关键词，即升级、服务、专业和创新。

（1）升级

O2O失败的根源就是需求少或供需不对称，因此很多实体企业在转型O2O时仅仅靠烧钱引流、或资金补贴"造"伪需求，这是必然要失败的。要引导那些真正具有需求的潜在用户，或者对补贴策略有正确认知的高端用户。以嘀嗒拼车为例，早期虽然采取了补贴策略，但都是补贴私家车主，而且是平台上的核心活跃用户。而后，随着用户忠实度的提高、消费习惯的形成则果断放弃补贴。

（2）服务

O2O本质上就是一种服务，服务做不好一切无从谈起。以如今最火热，同时又是争议最多的O2O外卖平台为例。无论美团外卖还是百度外卖都采用的是O2O运营模式，线上订餐，线下送餐。

可以说大多数外卖平台做得都不成功，如屡屡出现的卫生问题。其实问题不在于O2O这种模式不好，而是没有建立起足够畅通的线上线下的链条。由于大多数O2O平台没有一个是自己做餐饮的，主要靠与各大餐馆、饭店合作。这些线下合作的餐馆、饭店是需要重点把控的一个环节，如果他们的饭菜卫生标准本身不达标，自然会影响到平台的服务，现在很多平台正是缺乏这种把控力，这件事情上，平台的失职之处是没有把控好供应链。

（3）专业

深耕行业、谙熟行业精髓是做好O2O的起点，对行业理解的深度决定了发展的高度。

如土巴兔，在家装行业占据一席之地的原因就是他们的"专业度"，现在已经能为消费者提供一系列的配套服务，如家装信息传播、社交分享、电商交易、家装工具等，真正为消费者创造实实在在的价值。从2008年进入家装市场开始，土巴兔先后经历了家装行业传统模式、家装互联网化模式时代，正是有了如此深厚的沉淀，才开辟了提供家装综合服务的新领域，确立领先的优势。

（4）创新

创新，是做好任何事情的原动力，对于O2O也需要不断地创新运作模式。好的O2O平台，总是在实践中不断地摸索，寻找出最适合自己的发展模式。

仍以嘀嗒拼车为例，嘀嗒拼车最早以"车的线路"为标的物，让用户选择路线搭乘顺风车，但后来事实证明这样的匹配比例并不高。于是，嘀嗒拼车开始改革，转而以"用户的个体需求"为标的物，让司机在后端进行线路匹配，从而让车动起来。这样不但提高了司机与乘客的匹配效率，还大大方便了用户，取得了良好的市场反馈。

在O2O营销体系尚未真正形成之前，只能这样做。不过，完美的体系还受资金、技术、人员配备等多种客观条件限制，突破这些局限并不容易，需要更长的时间，需要同行付出更多的努力。

参考文献

[1] 董新平等.传统制造企业电子商务运营研究.浙江：浙江大学出版社，2012.

[2] 苏慧文，王水莲，杨静.中国企业商业模式创新案例研究.北京：经济管理出版社，2014.

[3] Cor Molenaar. 零售革命3.0: 零售商该何去何从.北京：企业管理出版社，2014.

[4] 叶开.O2O实践：互联网战略落地的O2O方法.北京：机械工业出版社，2015.

[5]《卖家》.领跑O2O线上线下一体化的创新实践.浙江：浙江大学出版社，2015.

[6] 赵文堂.O2O营销与运营一册通：原则+技巧+实践.北京：人民邮电出版社，2015.

[7] 张陈勇，万明治.零售O2O心法、招法与实践 零售业互联网转型布局.北京：中国经济出版社，2016.

[8] 司春林.创新型企业研究：网络化环境，商业模式与成长路径.北京：清华大学出版社，2016.